ESSAI

SUR L'IDÉAL

DANS

SES APPLICATIONS PRATIQUES

AUX ŒUVRES DE L'IMITATION PROPRE

DES

ARTS DU DESSIN

PAR M. QUATREMÈRE DE QUINCY

DE L'ACADÉMIE ROYALE DES BEAUX-ARTS
SECRÉTAIRE PERPÉTUEL DE L'ACADÉMIE DES BEAUX-ARTS

PARIS

DE L'IDÉAL

DANS

LES ARTS DU DESSIN.

PARIS. — IMPRIMERIE D'ADRIEN LE CLERE ET Cie,

QUAI DES AUGUSTINS, n° 35.

ESSAI

SUR L'IDÉAL

DANS

SES APPLICATIONS PRATIQUES

AUX OEUVRES DE L'IMITATION PROPRE

DES

ARTS DU DESSIN

PAR M. QUATREMÈRE DE QUINCY

DE L'ACADÉMIE ROYALE DES BELLES-LETTRES,
SECRÉTAIRE PERPÉTUEL DE L'ACADÉMIE DES BEAUX-ARTS.

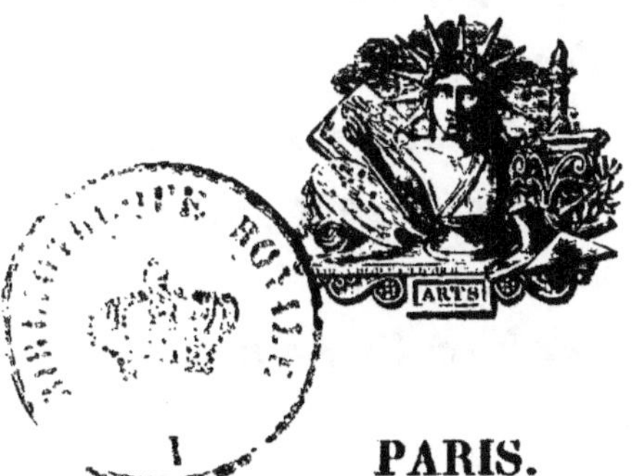

PARIS.

LIBRAIRIE D'ADRIEN LE CLERE ET Cⁱᵉ.

QUAI DES AUGUSTINS, Nᵒ 35.

1837.

Au commencement de ce siècle, le goût des artistes s'étoit, ainsi que celui du public, généralement porté vers l'imitation et l'estime de l'art antique, par l'effet, sans doute, de la formation alors récente du Muséum ouvert au Louvre.

On ne contestoit point la supériorité du génie des Anciens, dans l'art de la sculpture; mais chacun s'expliquoit cette supériorité d'après les idées ou les notions ou plus moins étendues, qu'il s'étoit faites du beau dans la nature, de la manière de l'y saisir en théorie, et de le réaliser dans la pratique de l'imitation.

Quelques-uns, habitués au genre d'imitation de la nature, par la copie bornée à la fidélité imitative de l'individu , ou ce que, dans l'École , on appeloit le modèle, prétendoient que les plus belles statues antiques n'avoient point été le résultat d'un autre procédé, ni d'un autre système d'étude et de vérité.

D'autres, portant dans cette critique, une vue plus étendue, par les applications d'une théorie nécessairement métaphysique, soutenoient que les belles statues antiques, n'étoient la véritable imitation de la nature, que parce que les artistes n'imitoient aucun individu particulièrement; qu'au contraire, généralisant l'imitation du corps humain, par l'étude des intentions de la nature, dans la création, non d'un homme en particulier, mais de l'espèce en général, le beau et le vrai devoient dériver sous ces rapports, non d'aucun modèle individuel, mais d'un modèle collectif de perfections, qui ne pouvant être saisi qu'en idée, s'appeloit l'idéal.

Ce mot idéal *mal compris, mal défini, étoit devenu un objet de dispute :* les uns croyoient *l'idée de* vérité et de nature, *exclue de l'imitation, par l'effet de cette théorie;* les autres soutenoient, que non-seulement la théorie de *l'idéal n'excluoit ni l'idée de nature, ni celle de vérité, mais qu'au contraire, et la nature, et la vérité en fait d'imitation, considérée dans son principe élevé, et en grand, ne se trouvoient que dans l'*idéal.

Mais ce qui donna surtout naissance à la Dissertation suivante, *fut une controverse élevée dans l'Académie des Belles-Lettres, sur le costume à suivre, pour les sujets de composition des Médailles, que les uns vouloient assujétir à la réalité des habillemens modernes, lorsque d'autres prétendoient, qu'elles exigeoient de toute nécessité le système idéal de l'antique.*

DE L'IDÉAL

DANS

SES APPLICATIONS PRATIQUES

AUX OEUVRES

DES ARTS DU DESSIN.

PREMIÈRE DISSERTATION.

I.

* * * * * *

Le genre d'imitation que l'artiste produit, par l'entremise des arts du dessin, quelle que soit la différence de la région qui lui est propre, a très-certainement un principe commun aux divers genres d'imitation qui dépendent des autres arts du génie. Nul doute que toutes les observations faites par les théoriciens, sur l'action de la poésie, de l'éloquence, de la musique, et sur les impressions que nous en recevons, ne soient applicables aux œuvres et aux effets de la peinture et de la sculpture. Cependant il doit arriver souvent, que les images de ces deux derniers arts, parvenant à notre esprit par l'entremise de la matière, elles paroissent aux yeux de beaucoup de personnes, plus ou moins étrangères à la région abstraite du règne de l'idéal.

C'est pourquoi, d'une part, l'écrivain qui disserte sur les arts du dessin, éprouve plus de difficulté à rendre leur théorie sensible; et de l'autre, l'artiste qui reçoit par l'entremise du sens physique, et les leçons de son art, et l'impression de ses types imitatifs, se trouve plus difficilement porté à comprendre l'action, et à goûter les préceptes des théories qui ne doivent s'adresser qu'à l'organe moral du sens intérieur.

Il y a cependant, en ce genre aussi, des notions abstraites, dont l'application est nécessaire à la pratique des arts du dessin, et qu'il seroit à souhaiter de voir développer, par une théorie ca-

pable de vaincre les répugnances du grand nombre, pour toute doctrine qui semble sortir du
cercle des images, ou des points de vue de la
nature matérielle.

Par exemple, le sens que l'on donne au mot
idéal, ou dans le langage ordinaire, ou dans la
langue de l'imitation, sera, soit un blâme, soit un
éloge, selon la nature des objets auxquels on
l'appliquera.

Dans son acception simple ou vulgaire, ce mot
peut signifier ce qui est fantastique, ce qui est
le résultat d'un caprice ignorant, ou qui sort de
la nature des choses; et on l'appliquera à ce
qu'enfante une imagination déréglée.

Selon le sens particulier que la théorie des
beaux-arts donne au mot *idéal*, ce mot est l'expression superlative de ce qui nous semble, non
pas hors de la nature, mais supérieur en qualité
à ce que la nature nous montre le plus ordinairement, et partiellement considéré dans ses
œuvres. Cela procède de ce que ses productions
ne sauroient avoir pour but constant et général,
d'être une réunion complète de toutes les perfections qu'elle s'est plue à répartir inégalement

dans toutes ses œuvres, perfections qui n'étoient pas nécessaires au but principal qu'elle s'est proposé.

Cependant dire ce que c'est qu'on doit entendre sous le nom d'*idéal*, dans l'œuvre de l'imitation, par et sous les formes de la matière, ou dire ce qu'est l'essence même de l'idéal, et ce qu'est, dans les moyens et la manière de le produire, l'opération de l'art et de l'esprit de l'artiste, sont deux choses fort distinctes.

L'une se fait facilement comprendre par de simples démonstrations au sens physique; l'autre ne peut être que le résultat de l'analyse métaphysique.

Par exemple, si quelqu'un doutoit non du principe, mais seulement de l'effet propre de l'idéal dans l'œuvre des arts du dessin, je pense qu'au lieu d'une discussion métaphysique à cet égard, il suffiroit de le conduire devant une des belles statues de l'antiquité. Là, tout, sans commentaire aucun, s'explique par l'entremise des yeux à l'esprit et au sentiment. Là, personne ne sauroit contester que les Grecs aient porté l'art de l'imitation du corps humain, à ce degré de beauté, dont la notion de l'idéal nous développera l'éminente supériorité. Mais ce qui prouve que ce genre de beau ne fut pas chez eux le résultat accidentel d'un talent privilégié ou d'un hasard heureux, et au contraire qu'il fut l'effet d'une théorie généralisée, réduite en pratique, c'est que les documens des écrivains de l'antiquité, sur les ouvrages des artistes antiques, sont parfaitement unanimes à l'égard du style de leurs œuvres; en sorte qu'aucune théorie n'est mieux appuyée, dans ses documens, sur les faits de la pratique, aucune pratique n'est mieux d'accord avec sa théorie.

Les Grecs avoient reconnu que la nature, même dans un individu difforme, avoit sur tout ouvrage de l'imitation, l'immense avantage que donne la réalité de la vie, du mouvement et de l'existence organisée; que par conséquent l'art, s'il devoit se borner à l'imitation exclusive d'un seul individu, resteroit, dans ses moyens de plaire, à une prodigieuse distance de la nature. Ils s'aperçurent que celle-ci, vu l'immensité de son œuvre créatrice et reproductive, ayant agi soit par des moyens, soit pour une fin qui, dans le fait, n'ont rien de

commun avec la fin et avec les moyens bornés
de l'art, n'avoit eu, par exemple, aucun besoin
d'une constante régularité de proportions et de
détails dans la forme des créatures, pour leur
faire remplir les différentes fins qu'elle s'étoit
proposées. Ils comprirent que mille causes devoient ainsi s'opposer au complément de cette
régularité absolue, de cet accord harmonieux,
dont l'art, qui, dans son œuvre, n'a qu'un petit
nombre de points de vue bornés, peut et doit
ambitionner de s'approprier l'avantage.

Ce fut donc sous ce point de vue, que l'art
d'imitation des corps osa se mesurer avec la nature, et dut parvenir à la surpasser. Libre dans
la génération de ses ouvrages, ou si l'on veut de
ses créatures, il put porter à chaque partie, à
chaque détail de chaque partie, le soin nécessaire
pour leur faire produire un résultat conforme à son
but. Il fut donc loisible à l'artiste initié dans les
secrets de cette seconde création, si l'on peut dire,
d'en révéler le mystère aux yeux et à l'esprit. Il
y parvint successivement, en appliquant aux différens rapports de son œuvre tous les genres de
régularité qu'ils comportent, c'est-à-dire en don-

nant à toutes les formes d'un sujet, toutes les harmonies dont l'ensemble n'existe nulle part, à toutes les proportions, tous ces degrés de justesse dont les types sont épars entre les individus, enfin à chaque genre de caractère, le complément des qualités qu'une savante théorie peut seule découvrir et rassembler.

Enhardi par ses succès, l'art se composa, si l'on peut dire, une nouvelle nature, ou, si l'on veut, il força la nature de se voir soumise, dans l'imitation d'un seul être, à une réunion de régularités, de beautés partielles, de perfections éparses et divisées. De ce système réduit en pratique naquit, dans la formation d'un individu, cet ensemble complet de beautés, de régularités, de perfections et d'harmonie, dont on demanderoit en vain à la nature une complète réunion dans aucun être vivant.

Le résultat de ce procédé de l'art, dans la manière d'offrir à l'artiste un exemplaire de beauté généralisée, au lieu d'un modèle individuel et particularisé, est, dans l'imitation des corps, ce que nous appelons le *système idéal;* premièrement, parce qu'il ne peut résulter que d'une opération de l'art; secondement, parce que cette opération ne peut être que l'effet d'une vue de l'esprit.

II.

* * * * * *

Que cette manière d'entendre et d'expliquer la notion de l'*idéal*, dans les œuvres de l'imitation en général (mais particulièrement dans celle du corps humain et de sa configuration par les arts du dessin) ait été celle des anciens écrivains Grecs et Romains, c'est ce qu'un passage d'Aristote nous fait surabondamment entendre, lorsqu'il désigne trois degrés d'imitation de l'homme, par des exemples tirés des trois sortes de style, qui distinguèrent trois peintres Grecs, savoir : Polygnote, Denis et Pauson.

Le premier, dit-il, *peignoit les hommes plus beaux qu'ils ne sont,* κρείττους, *le second les représentoit tels qu'ils sont,* ὁμοίους; *le troisième, au-dessous de ce qu'ils sont,* χείρους. (Arist. Poet. ch. II.) Or, cette triple définition de la représentation du corps humain nous fait assez entendre qu'il dépend, soit de l'étude ou de l'idée généralisée des formes corporelles, soit d'une étude plus particularisée jointe à un sentiment moins relevé, soit d'une pratique d'imitation rétrécie par une routine vulgaire, de produire des images du corps humain, ou telles que la nature n'en donne point de complètes, ou telles qu'elles pourront satisfaire des goûts peu difficiles, ou telles qu'on y reconnoisse cette notable défectuosité que l'on qualifie du nom de *laideur*.

Par exemple, on pourroit, sans sortir des temps modernes, donner comme démonstrations de ces trois degrés d'imitation, dans les œuvres, les formes et les caractères de la peinture, les ouvrages des trois écoles bien connues, et que chacun peut apprécier. Le premier degré seroit celui qu'on ne peut s'empêcher d'appliquer comparativement à l'école Romaine et à la Florentine. Le second caractérise évidemment le goût de l'école Vénitienne. Chacun a déjà nommé le genre de la manière, et le choix des personnages ou des sujets qui désignent le troisième degré, ou l'école Flamande.

Ce dernier degré de l'imitation est plus facile, non à faire comprendre par l'esprit, mais à rendre sensible aux yeux, en peinture qu'en sculpture. Probablement l'art de sculpter n'eut pas de *Pauson* chez les Grecs. Plus d'une raison et plus d'une circonstance expliquent, comment il est interdit à cet art de descendre à ce qu'on peut appeler le goût tout-à-fait trivial, dont on a vu plus d'une fois l'art de peindre se faire un genre favori.

Pour concevoir donc en sculpture l'idée du *bas* et du trivial, il faut se rappeler quelques-uns de ces ouvrages, ou un système rétréci d'imitation, et qui est précisément l'inverse de ce qui constitue le système de l'*idéal*, avoit porté des artistes assez connus, sans qu'on les nomme, en France, à rechercher la vérité d'imitation dans le corps humain, par toutes les petitesses accidentelles, par les plis de la peau, par les rides, par l'expression mesquine de ces accessoires de détail animal, toutes minuties propres uniquement à dégrader et à rapetisser l'image de l'homme. C'est par cet exemple qu'on peut le mieux se définir en sculpture l'opposé du style idéal de dessin.

On trouveroit à peine, dans tout ce qui nous est parvenu de sculptures antiques, un ou deux morceaux, non pas tout-à-fait ni au pied de la lettre, étant du genre qu'on vient de désigner, mais qui simplement, comme le prétendu Sénèque au bain (*en vieillard*), ou le petit tireur d'épine (*en enfant*) tiennent de ce style qu'on pourroit appeler *copie moulée sur un modèle vivant.*

Mais l'antique nous fournit surabondamment, en sculpture, les exemples des deux autres genres de style.

Pour en citer quelques uns, mais seulement en général, du genre intermédiaire dont Aristote trouvoit le type dans les œuvres du peintre Denis, il me semble que la sculpture antique nous offre les correspondans de ce style, dans la très-nombreuse catégorie des statues athlétiques, surtout de celles qui, pendant un certain temps, furent assujéties à rappeler les traits et la forme *iconique* des personnages.

Nous en dirons autant, à quelque degré près, de celles qui, lorsque cette exigence eut cessé d'avoir lieu, furent toutefois astreintes, par la nature seule de leurs sujets, à un style d'imitation moyen, entre l'apparence d'une sorte de réalité individuelle, et le style de ce que nous appellerons *nature généralisée*. Telles, ce nous semble, on peut considérer, soit la statue du Discobole, soit celle que l'on appelle le *gladiateur* ou athlète combattant, soit celle qu'on nomme le *gladiateur mourant,* et beaucoup d'autres.

Pour achever, en sculpture, le parallèle du troisième degré, dont Aristote nous donne le *spécimen* en peinture dans le style du peintre *Polygnote,* il suffira, ce nous semble, de citer les belles et idéales statues des *Jupiter,* des *Apollon,* des *Minerve,* des *Bacchus,* des *Dianes* antiques, tous ouvrages où les Grecs, pour faire reconnoître leurs dieux sous l'image et la forme de l'homme, se trouvèrent obligés d'en épurer, si l'on peut dire, l'apparence et l'ensemble, soit par la suppression des minutieux détails qui en amoindrissent l'effet et l'esprit, soit par le système d'une perfection généralisée, dont l'idée complète ne sauroit se rencontrer dans aucun individu, c'est-à-dire par le système de l'idéal.

III.

* * * * * *

Pour mieux développer la doctrine de l'idéal,
et pour montrer qu'elle est fort loin d'être une
spéculation moderne, qu'enfin elle fut, chez les
anciens, aussi familière aux écrivains, qui prétendoient la reproduire dans leurs conceptions,
qu'aux artistes dont ils se faisoient un mérite de
s'approprier les pratiques; je veux encore rapporter ici deux passages des deux plus célèbres auteurs
de l'antiquité. Je veux parler de Platon et de Cicéron, qui ont parfaitement senti et expliqué de la
manière la plus lucide, en quoi consistoit l'idéal
dans les pratiques des arts du dessin, et par quel
moyen les artistes en réalisoient les effets.

Le passage de Cicéron est surtout remarquable,
et pourroit servir de texte à une théorie complète sur cette matière.

L'écrivain Romain annonce qu'il veut tracer le

modèle d'un orateur tel qu'il n'y en a peut-être jamais eu. *Talem informabo, qualis fortasse nemo fuit.* Selon lui, il n'y a point d'ouvrage, si beau qu'il soit, qu'on ne puisse se figurer encore quelque chose de plus beau. Ce plus beau, c'est ce type intellectuel de perfection, que nous portons au fond de notre ame, et qui est le principe de nos inventions. C'est-là le modèle que consultèrent les grands hommes dans ces ouvrages que nous admirons. La simple imitation positive ou sensible du naturel, ne nous découvriroit pas les beautés de l'ordre relevé qui constitue l'idéal. Il faut joindre à la connoissance de ce qui est, le sentiment éclairé de ce qui peut être.

C'est-là ce que veut faire entendre Cicéron quand il ajoute :

« Phidias, ce grand artiste, lorsqu'il faisoit la « statue de Minerve ou de Jupiter, ne se bornoit » pas à considérer un modèle pour l'imiter tel » qu'il étoit, mais au fond de son ame résidoit » un type d'une beauté et d'une excellence su- » périeure, dont l'aspect intellectuel fixoit ses re- » gards, dirigeoit son goût, et conduisoit son art » et sa main. »

» *Neque enim ille artifex* (*Phidias*), *cùm faceret*
» *Jovis formam aut Minervæ, contemplabatur ali-*
» *quem, è quo similitudinem duceret; sed ipsius in*
» *mente insidebat species pulchritudinis eximia*
» *quædam, quam intuens, in eaque defixus, ad*
» *illius similitudinem artem et manum dirigebat.* »

Entendre par-là, comme quelques-uns ont pu
se le figurer, que Phidias auroit travaillé ses ouvrages indépendamment de toute vue de la nature
ou de la vérité naturelle, c'est-à-dire auroit tout
fait, (ce qu'on appelle aujourd'hui en style d'é-
cole) de *tête* ou de *pratique*, ce seroit fort mal entendre ce que veut dire Cicéron. Deux opérations
concourroient à former les ouvrages de Phidias,
et nous verrons que leur concours est nécessaire
dans la formation des œuvres qui prétendent au
mérite de l'idéal.

L'une consiste, sans doute, dans l'étude et la
connoissance individuelles du modèle qui tombe
sous les sens, c'est-à-dire de l'être matériellement
considéré; l'autre opération se rapporte à l'étude
et à la connoissance intellectuelle de cet autre
modèle que la vue intérieure peut seule saisir,
parce qu'il ne tombe pas sous les sens d'une ma-

nière physique et mesurable au compas, mais qu'il résulte des parallèles et des rapprocnemens, que l'idée seule ou la vue de l'esprit peut faire et enseigner à l'artiste.

Or, quand Cicéron dit que Phidias *non contemplabatur aliquem è quo similitudinem duceret*, il n'entend point par-là qu'il ne faisoit entrer la vue ou la comparaison d'aucun être vivant dans son étude imitative. Ce qu'il veut dire s'explique d'abord par le mot *aliquem*. Ce n'étoit pas, comme nous le dirions, *tel* ou *tel* individu qu'il considéroit pour en faire la copie. Non, le travail de son imitation avoit pour but un modèle plus abstrait, plus généralisé; c'est ce qu'achèvent de faire comprendre les mots : *è quo similitudinem duceret*. Ce n'étoit pas à une ressemblance de portrait qu'il visoit. Il ne vouloit pas que son œuvre parût la répétition d'un individu.

Sed ipsius in mente insidebat species pulchritudinis eximia quædam. « Mais au fond de son » ame existoit un type quelconque d'une éminente » beauté. » Voilà le véritable modèle de Phidias, et c'est là qu'il le voyoit.

Dès que l'artiste a pour objet non de produire

la ressemblance identique d'un individu donné, mais au contraire de rendre sensible par des formes corporelles, l'idée générale et complète d'une beauté, dont aucun individu de la nature ne sauroit lui présenter, ni la perfection absolue, ni l'ensemble complet, il faut bien qu'il renonce à la méthode bornée d'une imitation individuelle. Il faut que l'effort de *son* imagination fécondée, sans doute, par de nombreux parallèles, lui crée un genre de modèle, sur lequel se réunissent les beautés et les perfections que la nature a, par le fait, réparties très-diversement entre les individus. C'est de cette réunion que se composoit l'être dont Phidias vouloit produire l'ensemble. Or, le type d'une semblable réunion existoit au fond de son ame ; *ipsius in mente insidebat.* Et dans la vérité, ce type ne peut exister que là, bien que les élémens en aient été fournis par les individuelles diversités de la nature visible et matérielle.

Je dirai ci-après comment il se forme.

On verra par quel jeu ou quel artifice de l'imagination se produisent ces compositions idéales, qui pour être, en peinture et en sculpture, applicables aux images des corps, n'en sont pas moins d'une qualité aussi métaphysique, que celle des arts proprement appelés de l'esprit. Ce type du beau que l'artiste porte au fond de son ame, devient alors, comme dit Cicéron, le régulateur des inventions de son art et des opérations de sa main; *artem manumque dirigit.* Il lui sert de point de confrontation, entre les modèles individuels qu'il consulte ; il lui apprend à discerner ce qui, dans les œuvres partielles de la nature, tient à l'ordre de ses lois fondamentales, ou à tous les hasards de la génération ; il lui donne une règle contre toutes les irrégularités, et un guide contre tous les écarts.

L'artiste alors, au lieu d'être copiste, devient aussi créateur, qu'il est donné à l'homme de s'appliquer la signification de ce mot.

On comprend déjà par là, que la notion, la théorie et la pratique de l'idéal, ne sont point aussi étrangères aux anciens, qu'on l'a supposé dans un nouvel écrit (*Recherches sur l'art statuaire*) dont nous nous permettrons de discuter quelques opinions. On voit qu'ils regardoient comme une propriété essentielle de l'art, ce secret et ce pouvoir de faire dans les images de l'homme, quelque chose de plus parfait et de plus beau que ne l'est l'individu considéré à part de ce système. On voit enfin que ce secret, dû aux anciens Grecs, consistoit, d'une part, à ne point se borner au résultat isolé d'une conformation individuelle, et de l'autre, à se former par l'étude et la recherche des lois générales de la nature, et des variétés qui distinguent les individus, un *spécimen* de perfections dont elle a refusé le complément aux êtres vus isolément.

IV.

******

Platon, dans un passage peut-être plus clair et plus positif encore, va nous confirmer le résultat de cette doctrine.

Après avoir tracé le modèle de sa république, (*lib.* 5.) il fait demander à Socrate par Glaucon, si elle est d'une exécution possible. A quoi Socrate répond en substance : « Que d'abord ce qui l'a » conduit à former son modèle de république, » c'est la recherche de ce qui constitue la nature » de la justice et de l'injustice ; qu'il n'a été ques-

» tion que de proposer deux exemples complets,
» chacun dans leur genre, du *juste* et de l'*injuste,*
» pour juger du bonheur ou du malheur de chacun
» de ces deux états comparés entre eux, d'après
» cet archétype idéal. Qu'ensuite il a fait de même
» en produisant, comme point de mesure avec un
» état politique mal ordonné, l'image d'un état
» dont la constitution seroit parfaite... Et il ajoute:

*Estimeriez-vous moins habile l'artiste qui,
après avoir fait la figure d'un homme dans la
plus grande perfection de dessin possible, ne pourroit pas vous en montrer une semblable dans la
nature ?*

« *Qu'avons-nous donc résolu de faire,* conti-
» *nue-t-il, sinon de tracer ici l'idée d'un gouver-*
» *nement parfait? En aurions-nous moins raison,*
» *quand nous serions hors d'état de prouver qu'il*
» *est possible de le réaliser ?* (1)»

L'auteur de l'ouvrage cité plus haut (*Sur l'art
statuaire*), et dont la théorie est tout-à-fait con-

____

(1) *An igitur eo minus nos rectè loqui existimas, si ostendere
non possumus talem extare posse civitatem, qualem ipso sermone
depinximus?* PLATO, *de Republica,* l. 5. (Cette version latine,
calquée sur le texte grec, en rend le sens très-littéralement.)

traire à la nôtre, a pris à tâche d'interpréter ce passage dans le sens de son opinion, et voici ses paroles : « Que signifie ce passage ? Y voit-on » que l'artiste dût prendre un modèle hors de la » nature ? Au contraire, il s'agit de l'image d'un » homme, du plus bel homme qui pût exister. » Platon compare cette peinture à son projet de » république. Il se sert de cette comparaison, » pour prouver que sa république est possible, » que ses lois sont fondées sur la nature. Il en- » tend donc raisonner sur un beau réel, il ne » parle donc que d'imitation. »

On a raison de dire que nos opinions sont comme des verres différemment taillés, et de couleurs diverses, qui changent à nos yeux la forme et l'apparence des objets. Il se pourroit que l'opinion énoncée dans l'ouvrage cité, étant qu'il n'y a point et qu'il ne peut pas y avoir d'imitation idéale, et que tout ce que l'art imite résulte d'un modèle positif, réel et sensible, cette manière d'entendre exclusivement les procédés de l'art, ait empêché l'auteur de comprendre dans son véritable sens le passage de Platon.

D'abord, il ne peut jamais être question, d'après le texte de l'écrivain grec, que l'artiste doive prendre *un modèle hors de la nature*, puisque hors de la nature en ce genre, il n'y a rien. Mais il ne s'agit que de la manière d'entendre le mot *nature*, qui, très-souvent, dans le langage de l'école, ne signifie qu'un individu servant de *modèle*. Pris dans le *sens matériel*, ce *modèle*, hors de la nature, ne seroit qu'une chimère. Si, au contraire par le mot *modèle* on entend dans le *sens figuré*, un type, un *exemplar*, un recueil d'observations et de comparaisons, un système régulateur enfin, nous le dirons : Oui, un tel système de perfections, dans l'organisation extérieure des corps, peut offrir, en théorie, et au secours de la pratique, un modèle qui, sans se trouver visiblement, individuellement et matériellement dans la nature, n'en est pas pour cela néanmoins hors d'elle.

Ainsi on dira que si l'artiste ne peut pas prendre un modèle hors de la nature, il peut toujours prendre et imiter la nature hors de l'*individu modèle*.

L'ouvrage cité ajoute : « *Au contraire, il s'agit* » (dans *Platon*) *de l'image d'un homme, au plus*

» *bel homme qui puisse exister.* » Mais il me semble à moi, qu'il s'agit précisément *de l'image d'un homme tel qu'il n'en peut pas exister.*

Selon l'ouvrage cité, *Platon se sert de cette comparaison pour prouver que sa république est possible, que ses lois sont fondées sur la nature.*

Mais le texte de Platon prouve tout le contraire, et l'écrivain se sert de cette comparaison, pour prouver que sa république est une conception purement idéale. Ce texte même est précieux, comme étant la clé de tout son ouvrage. Oui, ce texte prouve, ce que démontre la lecture entière de la République de Platon, savoir : qu'au lieu d'être un ouvrage sur la politique, elle est un ouvrage de morale, dans lequel un système métaphorique de gouvernement, devient le point de parallèle abstrait, d'un traité non moins abstrait, sur la justice et la vertu, portées une et l'autre à un point fort au-dessus des forces ordinaires de l'homme : et l'auteur le reconnoît lui-même. (*Voy.* liv. 5.) Mais Platon s'étoit complu dans cette création, comme lui paroissant être le point superlatif de l'idée qu'on peut se former de la vertu.

Cependant nous lisons dans l'ouvrage du critique cité, que *Platon entend raisonner sur un beau réel, et qu'ainsi il ne parle que d'imitation.*

Je réponds que certainement Platon n'a point eu en vue de montrer, *que les lois dont il parle étoient fondées sur la nature ordinaire des États;* dès-lors, comme dans le fait elles lui sont trop évidemment contraires, pour qu'on suppose qu'il ait pu se tromper à un tel point, il faut reconnoître que sa comparaison n'a pas eu pour objet de prouver la possibilité de leur exécution pratique. Or, cela seul nous explique et nous donne clairement à entendre, que le beau dont il argumente, dans sa comparaison, n'est ni un beau positif individuel, ni un beau propre à être copié dans un modèle, et transporté positivement par l'artiste dans son imitation.

L'artiste (d'après la comparaison de Platon, et par ses propres paroles) n'auroit pu montrer, dans la nature, une homme vivant aussi parfait que la figure qu'il a exécutée; cette impossibilité même est notée comme le plus éclatant témoignage de la perfection de son œuvre. Il s'ensuit par conséquent, que le *beau* de cette figure ne peut, sans contredire la lettre et l'esprit de cette théorie, être réputé un *beau réel* ou *d'imitation*, à prendre ces mots dans l'acception du système de réalité individuelle proprement dite.

Selon l'opinion que l'on combat, le *beau réel* seroit celui qui existeroit intégralement dans un individu, et qui, pour être saisi par l'imitateur, n'auroit besoin que de la simple opération de la vue. Mais toute qualité ou toute conception du *beau*, tel que nous le font entendre et saisir, soit le passage de Platon, soit certaines statues les plus parfaites de l'antiquité Grecque, sont loin de reposer sur le réel, ou d'émaner d'une réalité intégrale et positive, puisque aucun individu vivant ne sauroit être assimilé à une aussi entière perfection. Ce beau est, de sa nature, ce qu'on est forcé d'exprimer par les épithètes de spéculatif, systématique, etc. c'est-à-dire, un produit de la faculté *d'idéer*, et l'imitation qui en résulte appartient spécialement à la puissance du génie.

D'après l'ouvrage cité, au contraire, et selon la manière de l'entendre, tout paroîtroit devoir se réduire en ce genre au positif, au matériel, au visible par l'œil du corps. Selon sa doctrine, le *beau*, qu'on appelle *idéal*, est de nature à être saisi ainsi par l'œil, et dès-lors doit être du ressort de l'organe matériel. Pour justifier cette prétention, il va jusqu'à lui chercher une preuve dans l'étymologie du verbe grec *eido* (εἰδω) *je vois.* *Si,* dit-il, *les Grecs eussent associé le mot idéal au mot beau, ce mot* (idéal) *venant d'eido,* je vois, *le nom de beau idéal, conforme aux opinions des Grecs sur l'imitation de la nature, auroit signifié le beau que l'on voyoit, ou que l'on auroit pu voir, le beau visible.*

Prévenons donc toute équivoque sur ce point. Si l'on se borne à prétendre que le beau idéal, rendu sensible par le talent de l'artiste, dans l'ouvrage de la peinture ou de la sculpture, est un beau visible, en tant qu'il s'adresse nécessairement aux yeux; rien de plus naïvement vrai, et le dire, c'est ne rien dire du tout. Si l'on veut encore que l'artiste, pour découvrir ce *beau* et en réaliser l'effet, en étudie les secrets par de savans parallèles des œuvres de la nature, par le rapprochement, entre les créatures, des perfections isolées qui peuvent conduire à son ensemble, rien de plus simple. Certainement ce n'est que par des effets sensibles, qu'il est possible à l'artiste d'en connoître la doctrine, et d'en réaliser les conséquences. Telle sera, dans cette investigation, la part de l'organe du sens physique.

Mais si l'on entend que ce *beau* peut être ou découvert ou reproduit par le seul secours des yeux, sans l'action de la vue intérieure, celle de l'esprit, du sentiment et du goût : si l'on prétend que le résultat visible d'une semblable qualité, dans l'image de l'homme, par exemple, peut être saisi sans une opération très-déliée de l'entendement de l'artiste, sans une coopération très-subtile de sa faculté morale; ce seroit, à mon avis, méconnoître et ce qu'il y a de plus précieux dans l'œuvre de l'imitation, et ce qu'il y a de plus rare dans les facultés de l'imitateur.

Or, le système que l'on combat tend à tout ramener au sens purement matériel, et l'on y va jusqu'à expliquer les *idées* comme mot synonyme de *formes. Idée*, en grec, dit-on, signifie *forme;* et l'on cite à l'appui Plutarque, qui emploie l'expression d'*idée du corps*, pour dire *la forme du corps*. Le mot *idée* (continue-t-on) *étoit si bien pris dans ce sens, relativement même à l'art statuaire, que l'on disoit également des statues, qu'elles étoient des simulacres, des ressemblances, des idées. Enfin, le nom de beau idéal, considéré en lui-même, ne peut désigner que le beau visible.*

La confusion de cette théorie, tient particulièrement à celle des mots, et au manque de distinction entre l'ouvrage de l'idéal, rendu perceptible au sens de la vue extérieure, à laquelle il faut bien de toute nécessité qu'il s'adresse, et l'impression que le même ouvrage produit sur le sens moral de la vue intérieure, qu'on ne sauroit séparer de la première. Il en est de même du moyen par lequel l'artiste arrive, dans son ouvrage, au but qu'il se propose. De toute nécessité, les deux espèces de facultés visuelles, si l'on peut dire, se sont réunies dans le travail imitatif de l'artiste.

C'est indubitablement par la faculté visuelle du corps, (ou l'action des yeux) qu'il peut parvenir à l'imitation matérielle d'un modèle quel qu'il soit; c'est encore par le secours de cet organe, qu'il peut saisir et distinguer les formes extérieures des objets et leurs variétés. Mais pour apprécier ces variétés, mais pour établir entre elles, des degrés de supériorité ou d'infériorité, mais pour y distinguer les nuances plus ou moins

prononcées de telle ou telle qualité, de telle ou
telle propriété, du plus ou du moins d'aptitude à
telle ou telle sorte de caractère, de sujets, ou de
personnages; pour parvenir à approprier telles ou
telles classes de formes, de contours, de proportions, à toutes les variétés d'expression, et à toutes
les harmonies qu'exigent les inventions de la
poésie, par exemple..., de quel œil, je le demande,
faudra-t-il se servir? Ne sera-ce pas de l'œil intérieur, de celui de l'imagination, du sentiment,
et de la plus subtile intelligence? Tout œil est-il
habile à ces sortes de visées? Que si l'on répond,
qu'il faut un œil habile et exercé en ce genre, on
ne fera que définir autrement, mais plus vague-
ment, et la propriété du genre d'imitation idéale,
et la nature de l'opération du génie, et le système
qu'on voudroit combattre?

Que dit-on donc, en prétendant qu'*idéal* venant
d'*eido*, je vois, le *beau qu'on appelle de ce mot,
est un beau visible?* On ne dit rien. Si l'on entend
que c'est l'organe de la vue, qui nous en fait jouir
dans les œuvres de l'art, qui est-ce qui peut le
contester, et est-ce la peine de le dire? Si l'on entend que l'organe de la vue de l'artiste, le saisit

dans les œuvres de la nature, on n'a rien dit encore, puisqu'il n'y a rien hors de la nature. Mais si l'on entend qu'il suffit de l'action matérielle de la vue, pour le discerner, l'imiter et le produire, c'est rabaisser au niveau des procédés vulgaires, ce qu'il y a de plus élevé et de plus rare dans les œuvres de l'art.

En vain argumenteroit-on encore de l'étymologie grecque du verbe *eido*. Ne sait-on pas que les Grecs avoient plusieurs mots affectés à exprimer l'action plus ou moins matérielle de la vue? Or, les verbes ὁράω et ὄσσομαι étoient ceux qu'ils appliquoient particulièrement à l'action de cette vue, qui discerne les objets corporels et extérieurs. Les lexiques en font foi, et ils nous apprennent en outre, que le verbe εἴδω signifioit plus expressément, ce qu'on appeloit *voir par les yeux de l'esprit*, et on le disoit de l'intuition intérieure et métaphysique.

Dès lors le mot *idéal* joint au mot beau, doit exprimer, même en vertu de son acception grammaticalement reçue jadis, cette sorte de *beauté* que l'art, forcé d'employer la matière, ne peut pas ne point rendre visible à l'organe physique, mais qui ne fait qu'y passer, si l'on peut dire, pour s'adresser plus particulièrement encore à l'entendement, à l'ame, au sentiment, c'est-à-dire aux yeux de l'esprit, plutôt qu'à ceux du corps.

Idéal, dans l'art de l'imitation, joint au mot *beau*, signifiera donc, cette qualité, cette perfection, cette excellence, dont le type complet ne sauroit jamais se rencontrer dans un modèle isolé, dont nul individu ne peut fournir l'image entière, et dont l'artiste ne parvient à produire un complément quelconque, que par la puissance d'*idéer*, ou de généraliser en abstraction le vrai modèle, celui qui le guide dans son ouvrage.

Or c'est là cette théorie, que Sénèque a fort clairement définie, en disant que le modèle du peintre peut être *extérieur* ou *intérieur*, que l'extérieur est celui qui est sous ses yeux, et que l'intérieur est dans sa mémoire, ou dans son imagination.

V.

******

L'usage associe le plus souvent, dans le langage ordinaire, et même dans celui des arts du dessin, le mot *idéal* au mot *beau*, pris dans le sens où ce mot s'applique aux objets qui flattent les sens. Toutefois la réunion habituelle de ces deux idées, ne signifie pas, qu'il n'y a d'*idéal*, que dans les créatures, ou les choses, auxquelles on attribue ordinairement la qualité qu'on appelle *beauté*.

Le beau, ou la beauté, dans les choses, ou les êtres de la nature, comme dans les œuyres de l'imitation, se dit, et doit s'entendre de deux manières.

Très-souvent, sans doute, ces mots expriment cette sorte de charme physique, ordinairement attaché à la jeunesse, à la fraîcheur des couleurs, à l'agrément des formes du corps, à la grâce des contours, et à ce puissant attrait, qui est spécialement le privilége du *sexe*. La beauté ainsi défi-

nie, est presque toujours compagne de la jeunesse
des êtres. L'enfance n'en offre, si l'on peut dire,
que l'ébauche; l'âge mûr n'y prétend plus, la
vieillesse en est le contraire. Et cependant il y a
le beau de chaque âge dans la nature, et par conséquent dans l'imitation.

Or cela nous conduit à reconnoître l'autre genre
de l'idée exprimée par les mots *beau* et *beauté*.
Il semble donc qu'ils doivent signifier alors, la
perfection spéciale de chaque chose, le caractère
le plus naturellement propre de chaque âge ; et
dans l'art, la meilleure manière d'être applicable
par l'imitation, à chaque genre d'êtres, et à chaque
espèce d'individus.

Ainsi remarquons-nous, que même en vertu
de l'usage, on dit un *beau* vieillard, comme on
dit un *beau* jeune homme. Dans ce sens, on donnera le titre de *beau*, à l'ouvrage de l'art, qui nous
présenteroit même l'imitation d'un *monstre*. Il en
est, et l'on en citeroit plus d'un exemple connu,
dans des représentations de satyres, dans des
masques, dans de certaines *caricatures* formées
d'assemblages difformes ou multiformes. Or nous
n'entendons donner le mot de *beau* à ces ou-

vrages, qu'en tant que leur hyperbole nous offre l'heureuse ou rare association d'élémens difficiles à combiner ensemble.

La notion de l'idéal n'est donc pas nécessairement liée à celle du *beau*, dans la région des sens, puisqu'il peut y avoir un *horrible idéal*, et une *laideur idéale*. Ainsi le Satan du Paradis perdu, en poésie, comme en peinture, pourra être appelé beau, en tant qu'il sera l'*idéal de l'horrible;* mais on donnera le titre de *beau idéal* à l'Archange, par exemple, qui, comme dans le tableau de Raphaël, terrasse le monstre infernal.

Ceci paroît donc prouver, qu'il faudroit définir, autrement qu'on ne le fait très-souvent, la notion de l'*idéal* dans l'imitation. La suite nous montrera que l'idée de *généralisation*, est peut-être, didactiquement, la plus propre à expliquer un des moyens les plus sensibles qu'emploie l'esprit de l'artiste, dans la recherche de l'*idéal*. Ce qui confirmeroit cette théorie, c'est que l'idée ou la notion opposée, est bien certainement celle d'imitation *particularisée*, et qui repose sur la simple répétition d'un individu. Or il est certain que cette dernière notion nous présente, sans métaphore aucune, la contre-partie véritable du genre, de la pratique et de l'effet, en vertu desquels tout le monde est d'accord, que les belles statues Grecques sont à l'extrême opposé de beaucoup de celles des temps modernes, produites sur le type d'un seul modèle, et qui sont comme des copies moulées (en quelque sorte) sur un individu.

Après avoir essayé de constater, et de rendre sensible, par la notion de son contraire, celle de l'idéal, dans les arts du dessin, je veux tenter d'en faire une application plus positive à ces arts, par la comparaison, non plus des deux notions, mais des deux styles qui en résultent, dans les œuvres de deux époques différentes.

VI.

✱ ✱ ✱ ✱ ✱ ✱

Deux rapprochemens faciles à saisir, et qui sont à la portée non-seulement des artistes, mais des observateurs les plus superficiels, peuvent faire discerner et comprendre ce qui constitue le caractère et la propriété de l'idéal, dans l'imitation du corps humain par les arts du dessin. En appelant du fond scientifique de cette théorie, au seul jugement des yeux, il ne s'agit que de comparer entre eux, le caractère général ou le style des statues antiques, avec le style, ou le caractère si différent, affecté au plus grand nombre des statues, reconnues pour appartenir généralement à l'art moderne, dans les derniers siècles. Il ne faut pour opérer cette comparaison, et en éprouver les effets, ni étude spéciale, ni critique savante, ni exercice pratique du dessin. La différence des deux styles et de leur double principe, est telle, que les yeux les moins exercés, en sont saisis au premier aspect.

Dans le parallèle que j'indique, celui qui considèrera pour la première fois les statues Grecques, ne pourra point ne pas y être frappé d'une manière d'être et de faire, si pure et si simple, qu'il sera tenté de la prendre pour de la roideur et de la froideur. Il y trouvera, dans la grandeur du style, quelque chose qui lui paroîtra au-delà de la nature; dans l'ensemble quelque chose de systématique, qui lui semblera de l'arbitraire; dans l'expression des formes, quelque chose de conventionnel ou d'exagéré, parce que les détails variables, accessoires et minutieux en sont élagués. Mais ce sera surtout à l'égard de la tête et du visage, que ces prétendus défauts lui paroîtront plus évidens. On a toujours remarqué, en effet, que les personnes étrangères aux principes de l'antiquité, dans l'imitation, ou qui manquent d'une théorie pratique en ce genre, sont portées à regarder les plus belles têtes antiques, comme froides, et privées du sentiment ou de l'apparence de la vie.

Le mode d'imitation, et le caractère de têtes, dans la sculpture des modernes, se sont trouvés beaucoup plus à la portée de l'instinct du grand nombre, et mieux appropriés au goût des ignorans. C'est surtout, comme l'on sait, par les petitesses et les détails minutieux, qu'ils se laissent captiver. Une manière d'imitation qui tient au genre vulgaire des portraits; une recherche de détails opposés à ce système d'ensemble qui tend à agrandir l'aspect des figures; un manque absolu de méthode et de système, dans la conformation des corps; enfin tout, soit en grand, soit en détails, réduit à ce qu'il faut appeler la copie de l'individu;

voilà ce qui a caractérisé long-temps la manière moderne, comme opposée à celle de l'antiquité.

C'est un point évident pour quiconque a des yeux, en ce genre, que les anciens ont mis autant d'idéal, et plus même dans celles de leurs figures, qui sembleroient en comporter le moins, que la plupart des modernes, à diverses époques, en ont mis peu, dans ceux de leurs ouvrages qui en auroient comporté le plus. On sait assez qu'alors celles des figures antiques, qui participent le moins de ce système, auroient été réputées empreintes de ce goût, et que généralement le style dominant, fut celui qui repose sur l'esprit de la fidélité minutieuse des portraits, à quoi l'opinion régnante avoit réduit toute imitation.

Malheureusement aucun écrit théorique ne nous a transmis la doctrine des Grecs sur cet objet, c'est-à-dire, sur ce qu'il falloit faire, ou omettre, ou fuir. Aucune poétique d'art ne nous a enseigné les traces des routes suivies par le génie. Aucun traité didactique ne nous a fait connoître les préceptes des maîtres à leurs élèves, les pratiques ou les méthodes adoptées et suivies dans cet enseignement. C'est uniquement par quelques ouvrages de l'art, qu'il nous est donné de pouvoir deviner ces précieuses maximes, dont il est pourtant certain que beaucoup de maîtres avoient fait des traités, tant sont nombreuses, chez Pline, les mentions d'artistes célèbres, dont il dit : *Scripsit et de arte sua.* Nous ne pouvons donc faire autre chose, que de chercher à tirer de l'ouvrage même de l'art, des conséquences évidentes, qui, nous forçant à en retrouver les principes, nous conduisent à lire, dans les statues antiques, les prémisses des règles dont nous voyons les applications.

Outre ce qu'on peut regarder, sinon comme prouvé, du moins comme très-probable, dans les résultats de cette recherche, nous avons encore une manière assez satisfaisante d'en vérifier l'exactitude, et de la rendre sensible. En effet, cette vérification peut avoir lieu et s'opérer par l'espèce de contre-partie, que nous présentent les ouvrages modernes, ceux surtout qui, conçus en très-grand nombre et très-évidemment exécutés hors du système antique, nous présentent comme une sorte de contre-partie du style idéal. Nous connoissons en effet ces ouvrages en eux-mêmes, et surtout dans leur origine, c'est-à-dire par le principe même du goût et des habitudes qui les ont produits. Enfin nous connoissons les erremens, les préceptes et la doctrine pratique des temps, des maîtres et des écoles modernes dont ils sont sortis.

Or, quelle fut la doctrine habituelle des maîtres de l'art aux époques dont on parle ? Sur quoi, d'après cette doctrine, l'enseignement de l'imitation dans les arts du dessin y a-t-il reposé ? On sait assez que le principe unique et le but de cette doctrine, en théorie comme en pratique, fut ce qu'en langage d'école on nomme encore l'*imitation du modèle*. Dès lors, tout le monde peut voir et comprendre comment cette sorte d'étude, ainsi bornée, doit avoir empêché la connoissance et la science du corps humain, avec toutes ses variétés, d'acquérir cette étendue et cette généralité, que les mœurs antiques avoient dû rendre usuelles, surtout en Grèce. On aperçoit comment et pourquoi, contrariée de toutes sortes de manières, cette science dut se trouver restreinte et rétrécie dans les observations incomplètes de chaque artiste. Ainsi, rien ne peut mieux expliquer ce qui arriva, savoir : que réduite et bornée à l'étude de l'individu, l'imitation ne put ni se généraliser, ni étendre son domaine.

Dans l'antique, au contraire, ce qui frappe avant tout, c'est que la figure humaine, au lieu de se borner à être l'image *d'un homme* en particulier, y semble, par l'effet d'une étude généralisée, être l'image véritable *de l'homme,* tel qu'on suppose qu'aura dû être son véritable archétype. Là, en effet, tout est simple, grand, un et harmonieux. On croiroit y voir l'empreinte originelle de l'être, avant l'invasion des irrégularités, des dégradations et déviations successives, qui n'avoient pu encore altérer l'ordre primitif.

VII.

* * * * * *

Si les imitations du corps humain, productions de la manière incomplète et rapetissée dont j'ai parlé, sont très-certainement du même genre, on est contraint toutefois de reconnoître, que semblables à des empreintes d'un type usé, elles sembleroient n'être plus qu'une dégénération d'êtres rapetissés dans leurs formes, leurs proportions et leur constitution.

D'où procède cette dissemblance?

Elle provient indubitablement de la diversité des deux principes d'imitation, dont les conséquences ne peuvent point ne pas produire soit l'un soit l'autre caractère de figures. Or, on sait que ces figures modernes dont j'ai parlé, et auxquelles on donnoit le nom d'*académiques*, procèdent du principe d'imitation, que j'appelle *particulière* ou *individuelle*, et forment visiblement le style contraire à celui de l'*idéal*. Il est par conséquent très-naturel de conclure que les figures antiques, où domine le style *idéal*, ont dû être le produit d'un principe opposé, c'est-à-dire de celui que l'on doit appeler *abstrait* ou *généralisant*. Reconnoître ces deux points, c'est accorder que la fin, dans l'un et l'autre cas, doit répondre à son principe. Or, comment méconnoître une pareille fin chez les anciens et chez les modernes, quand il est constant jusqu'à l'évidence, que les anciens eurent autant de besoins, de moyens et de facilités pour généraliser la connoissance et l'étude du corps humain, que les modernes en eurent et en ont peu.

Ce que j'appelle le principe d'imitation abstraite et généralisée, est donc celui de l'imitation, réduite en système appelé *idéal*. A l'égard de la manière de l'autre, on ne sauroit lui donner le nom de principe, ni à son goût le nom de système proprement dit, puisque, par opposition, il faut dire que l'imitation y marche sans règle fixe, et procède nécessairement sans méthode.

La première imitation, en tant que systématique, fut le produit des observations de plusieurs siècles, transmises par les traditions successives des maîtres aux disciples, fixées par le concours ou l'action réciproque des théories méthodiques, et des exemples pratiques devenus *règles*. La seconde imitation, dénuée d'observations systématiques, s'est toujours trouvée réduite à dépendre de la faculté individuelle de chaque artiste, qui, procédant en quelque sorte de lui-même et comme sans prédécesseur, fut presque toujours dans le cas, ou de n'être qu'un copiste, ou de se frayer, à lui tout seul, les routes de son art.

La première méthode imitative, née d'un sys-

tème héréditaire et progressif, en étoit venue, à
l'aide d'une analyse de plus en plus complète, à
une sorte de recomposition des formes de l'individu, en les soumettant à la critique d'une étude
généralisée sur un grand nombre d'individus, et
perfectionnée par des observations successives. La
seconde méthode, si toutefois on doit donner ce
nom au résultat variable et incertain du travail
de chacun, a toujours mis l'artiste dans la nécessité de dépendre, pour le succès de son ouvrage,
ou du hasard d'un modèle, ou de la chance d'une
inspiration plus ou moins heureuse.

Dans la première méthode, l'imitateur ne con-
sidéra le modèle individu que comme moyen de
parallèle, propre à guider son imagination, à
élever la conception d'un sujet, de l'ordre individuel à la région du type universel ou de la *nature*. Par l'effet de la seconde méthode, l'artiste
est forcé de rabaisser l'idée de nature, et d'en
circonscrire l'imitation dans le cercle borné d'une
vulgaire individualité.

De la différence de ces deux méthodes, ou, pour
mieux dire, de ces deux types d'imitation, il dut
résulter, et il résulte encore nécessairement à nos

yeux, que les statues antiques nous donnent, de la nature physique de l'homme, une idée que nous n'en aurions pas sans elles. C'est qu'effectivement elles ont le privilége de paroître ce qu'elles sont, *l'imitation de la nature*, lorsque les statues, résultats de la répétition d'un modèle, ne peuvent aussi être que ce qu'elles représentent. C'est que, pour le dire en deux mots, les Grecs prirent et se donnèrent réellement pour modèle la nature, lorsque le plus grand nombre des modernes n'a pris pour la nature qu'un seul modèle.

VIII.

✳ ✳ ✳ ✳ ✳ ✳

Il y a effectivement entre ce qu'il faut appeler *Nature* et ce qu'on appelle du nom de *Modèle*, en langage d'*école d'art*, une très-grande différence, et qu'il est facile de rendre sensible; c'est que, bien que le modèle soit dans la nature, la nature n'est pas réciproquement dans le modèle. En théorie, l'homme de la nature est l'homme tel que, selon ses intentions générales, il devroit être; lorsque l'homme appelé individuellement modèle, n'est autre chose, que l'homme tel qu'il dépend des hasards de la génération de le faire.

Dès lors, imiter la nature, c'est étudier l'homme dans les lois de l'espèce humaine. Imiter ce qu'on appelle un modèle, c'est n'étudier souvent la nature que dans quelqu'une de ses nombreuses exceptions.

Imiter la nature dans ses rapports à l'espèce humaine, c'est rendre sensible par l'ouvrage de l'imitation les volontés et l'action du Créateur; c'est en opérer, en développer les effets et les intentions, sur la conformation la plus parfaite de la créature.

Imiter la nature dans la répétition bornée d'un individu, c'est s'astreindre à reproduire toutes les restrictions, toutes les déviations, toutes les exceptions qu'une multitude de causes accidentelles, oppose nécessairement au développement de sa volonté générale.

Il paroîtroit en effet, comme cela a déjà été remarqué par plus d'un philosophe, que la nature n'auroit, si l'on peut dire, donné ses soins qu'à l'espèce. Là effectivement sa puissance, sa sagesse, sa prévoyance brillent de plus de manières qu'il n'est donné à notre intelligence d'en comprendre. Là se laissent apercevoir les causes premières, autrement dit, ces premiers agens auxquels le Créateur a confié les soins de la génération et de la reproduction des individus. Ici, au contraire, (je veux dire dans l'individu) se manifestent toutes les petites causes qui le détournent de la perfection totale, à laquelle chacun tend sans pouvoir y arriver.

Les causes premières me paroîtroient pouvoir se comparer à des moules parfaits en eux-mêmes, mais dont mille accidens inévitables empêchent les empreintes qu'on en tire, de sortir parfaites. Pour avoir l'idée de la perfection dont celles-ci seroient susceptibles, il faut tâcher de se faire celle de la perfection du type. C'est là qu'est véritablement la nature; c'est donc là qu'il faut l'étudier.

Oui, si les Grecs eurent éminemment la faculté de la connoître et de la reproduire dans leurs œuvres, il le durent à la facilité particulière de pouvoir généraliser leurs études, comme aussi au

besoin qu'ils éprouvèrent de procréer un grand
nombre d'images, qui eussent faussé leur destination, si elles n'eussent présenté aux yeux et à l'esprit que la répétition, si l'on peut dire vulgaire,
de l'individu. Dès qu'il fallut, non-seulement
faire des Dieux sous l'enveloppe d'un corps humain, mais faire croire à un e suprématie d'existence, il fallut de plus en plus s'éloigner de la
routine imitative du portrait fidèle d'un individu.

Bientôt ce système dut s'étendre plus ou moins,
et de proche en proche, à tout. Même les portraits
d'hommes et de contemporains, participèrent tellement de la prérogative du système abstrait et
généralisé, qu'au dire de Pline, ce fut par la suite
une nouveauté dans l'art des portraits, que d'y
rechercher la ressemblance complète des détails.
Auparavant on y cherchoit, avant tout, le mérite de la beauté, *quàm pulcherrimas facere
studebant.*

Nous voyons donc, et cela se prouve par l'histoire, par les mœurs, par les monumens, par
les principes qui s'y trouvent gravés, que l'imitation du corps humain, en Grèce, fut une imitation systématique, abstraite et généralisée; mais

nous pouvons encore moins douter, (puisque la chose est tout-à-fait à la portée d'une observation journalière) que, chez les modernes , à peu d'exceptions près, l'imitation du corps humain fut renfermée dans le cercle du genre plus ou moins individuel et particularisé.

IX.

* * * * *

Examinons maintenant si le fait de l'*idéal*, dans les ouvrages des uns, et le fait de son absence dans le plus grand nombre d'ouvrages des autres, ne s'expliqueroient point par l'action, ou le manque d'action de la même cause. C'est-à-dire, vérifions si, indépendamment de l'intervention particulière du génie de l'artiste ou de tout autre moteur moral, la vertu évidente et propre de l'idéal, dans la représentation du corps humain, ne dépend point du système, qui tend à en généraliser l'étude et l'image par la multiplicité et la facilité des comparaisons.

Procédons d'abord à la solution de cette question, négativement ; autrement dit, prouvons et montrons, soit à quel genre d'imitation la qualité d'idéal ne sauroit être attribuée, soit que ce genre fut presque toujours celui de l'art moderne.

Effectivement l'imitation du corps humain, bornée à n'être, que ce qu'il faut appeler la copie d'un individu, ou ce qu'on désigne plus clairement par le mot de *portrait*, est précisément l'opposé de ce que signifie *idéal*, soit qu'on entende ce mot selon son acception morale, soit que l'on s'arrête à sa signification grammaticale. Qu'y a-t-il à *idéer* ou à imaginer dans ce qui fait l'essence d'un portrait ? Là tout est donné et circonscrit. En ce genre, la perfection est certainement, à le prendre au sens le plus simple, de saisir avec justesse, et de rendre de même, les apparences du modèle. (J'entends ne parler ici que dans le sens littéral du mot, et sans égard pour ce que le talent de l'artiste peut ajouter à ce genre d'ouvrage.) Si donc, pris dans le sens le plus simple de son acception technique, un portrait est généralement l'opposé d'une tête idéalement conçue et exécutée, c'est-à-dire, de celle que l'artiste sait former librement, au gré de son

imagination, il est évident, que des figures en-
tières du corps humain, faites dans le genre du
portrait, seront aussi le contraire des figures
idéales.

Mais dès que le mode de pratique et d'enseignement moderne des arts du dessin, eut plus ou
moins borné l'art de faire les figures humaines,
au procédé vulgaire d'imiter *un modèle,* dès que
l'imitation se trouva restreinte à la copie d'un individu dans une statue, c'est-à-dire au système
du portrait, le style de cette statue dut devenir le
contraire du style idéal. L'habitude d'une étude
rétrécie dans le cercle étroit de l'individualité,
ne put que rétrécir la manière de voir et de faire
d'un artiste. Ce qu'elle devoit produire, elle l'a
produit.

Ainsi ce qui a empêché l'imitation d'acquérir
le mérite que procure et produit une étude généralisée de la nature, a dû l'empêcher de s'élever
à la hauteur de l'idéal. Dès lors on doit reconnoître la connexion de rapport entre le moyen,
et sa fin, c'est-à-dire que la vertu de l'idéal,
comme fin, dérive du moyen de l'étude généralisée.

Si ce résultat négatif est évident, et démontré
par l'expérience ou par les faits les mieux prouvés,
et qui sont sous nos yeux, voyons si, au positif
aussi, nous trouverons la thèse dont il s'agit,
douée d'une semblable évidence.

Il ne faut d'abord que des yeux, pour se convaincre, que le système des statues Grecques forme
comme l'inverse, et la contre-partie de l'autre
pratique. Ce système est tellement l'opposé de la
manière de voir et d'opérer, appelée *moderne,*
qu'on ne peut ni s'en former, ni en donner l'idée,
qu'en les voyant, et en les faisant voir, comme
procédant de deux routes diverses, sur lesquelles
il leur seroit impossible de se rencontrer.

Selon la manière moderne, dont nous entendons parler dans le sens convenu, tout émane et
tout tient de la manière du *portrait.* Selon la manière de l'antique, et des Grecs surtout, les portraits eux-mêmes, on l'a déjà dit, portent le caractère du style généralisé ou *idéal.*

L'habitude contractée, de saisir avant tout, et
en tout, les grands rapports, de procéder dans
l'imitation des corps, par grandes formes, d'en
élaguer les petits détails, comme étant autant

d'incidens, qui diminuent l'action de l'effet général, cette habitude, disons-nous, fut cause que
l'artiste, même dans les parties minutieuses, sem-
bla s'étudier à les agrandir, par plus d'une sorte
d'omission volontaire. C'est ce que les connoisseurs
et les artistes entendront, sans autre explication,
sur la seule mention de la manière, par exemple,
dont les sculpteurs Grecs traitèrent toutes les minuties, comme celles des cheveux, de la barbe,
des veines, des sourcils, des paupières, etc.
Toujours, ainsi qu'on le voit, ils procédèrent, en
sacrifiant beaucoup de petits accessoires, à l'effet
principal. Ils bannirent de la représentation du
corps humain, précisément tous les minutieux détails, dont l'artiste, chez le plus grand nombre des
modernes, semble trop souvent avoir fait une
étude principale. En Grèce, le corps de l'homme
parut, dans son image, comme épuré, et comme
purgé de toutes ces minuties accidentelles, qui appartiennent au caractère de l'individualité. C'est
l'homme, en quelque sorte, tel qu'on pourroit
croire, que le Créateur l'avoit formé, tel que la
nature de son type élémentaire veut qu'il soit.

Or qu'est-ce qu'une pareille image, si ce n'est

l'opposé de ce que l'on entend par *portrait*, ou image d'un individu ? Qu'est-ce qu'une image, qui offre l'aspect d'une manière d'être comme étant le contraire de l'individualité, si ce n'est une image abstraite et généralisée ?

X.

* * * * * *

Maintenant qu'est-ce que le style idéal ? quel est son caractère essentiel ? Nous allons voir que c'est précisément ce qu'on vient de reconnoître.

Défini dans l'acception, si l'on peut dire, étymologique du mot, le style *idéal* est un style produit, en grande partie, de l'imagination, ou de ce qu'on appelle la *vue intérieure*, laquelle embrasse les grands rapports d'un sujet, au lieu d'être le résultat borné de la vue extérieure, appliquée aux détails minutieux d'un seul modèle. C'est une combinaison, née de la faculté qu'a l'esprit de l'artiste, de se composer une image, par élémens rassemblés de diverses parties.

Défini dans l'acception théorique et morale du mot, le style *idéal*, est un style qui, né de la puissance imaginative de l'artiste, prétend s'élever au-dessus de la réalité *prosaïque*, si l'on peut dire, ou celle du portrait d'un homme, style que Quintilien a parfaitement défini, en disant qu'il est, *similitudinis quàm pulchritudinis amantior.*

Or par quel moyen l'art arrive-t-il à ce style, qui est, au contraire, *pulchrtitudinis quam similitudinis amantior?* C'est, sans doute, en se donnant cette beauté, pour but principal. Et par quel moyen se procurera-t-il le type de la beauté qu'il ambitionne. Ce ne pourra être, qu'en en récueillant les empreintes, partout où elles se trouvent éparses; c'est-à-dire par l'effet d'un système, propre à réunir dans un ensemble toutes les belles parties, que la nature a dispersées entre ses créatures; système collectif de perfection, autant supérieur à la méthode d'imitation individuelle, que l'idée de nature, et de principe général, l'est à la réalité d'individus, et de copie particularisée.

Le style idéal, pour être l'opposé du style d'imitation particularisée, ou restreinte dans l'étude d'un seul individu, ne doit pas encore être entendu, comme étant l'imitation formelle d'une collection de parties du corps humain, répétées ou copiées servilement. On verra plus bas, quelle seroit la méprise de celui qui entendroit, ce que l'on avance ici, sous un point de vue ainsi borné. L'imitation qu'on produiroit par une semblable réunion, ne seroit pas pour cela, ce que nous appelons généralisée, elle ne seroit qu'une collection d'individualités. L'idéal entendu dans son vrai sens, et tel que le produit le génie de l'artiste, consiste spécialement en cela, que les figures qui méritent cette qualification, ne donnent réellement la copie de personne, ni d'aucune partie, proprement dite, d'une personne en particulier. Cela même doit résulter de l'essence abstraite du principe dont il s'agit. Pour rendre son imitation vraiment idéale, l'imitateur ne doit voir l'homme, que par, et dans l'ensemble du système, c'est-à-dire du type originel, que peut seule révéler une profonde étude des lois du Créateur.

L'imitation *idéale* ainsi, n'est qu'une imitation *généralisée*. Ces deux idées sont limitrophes, et leurs expressions doivent être réputées synonymes.

Particulariser, par l'imitation de l'individu , l'image de l'homme, c'est l'effet de l'imitation vulgaire. *Généraliser* cette image, par une application des lois déduites du système de la nature, c'est l'action de l'imitation idéale.

J'ajoute que ceci est également applicable à ce que l'on appelle, par une sorte de synonymie, le *beau idéal.*

En effet ce beau corporel, qu'on attribue ordinairement aux traits et à la conformation , soit du sexe féminin, soit de la jeunesse, si l'artiste en produit la copie purement exacte, d'après l'individu , il ne parviendra jamais, à lui faire égaler le beau qu'on appelle *idéal.* Ce ne sera toujours qu'un beau et vrai portrait, sans pouvoir être le vrai portrait du beau. S'il est portrait fidèle, il paroîtra l'être ; et s'il paroît tel, l'entier effet de l'idéal n'aura plus lieu. On peut s'en convaincre par la comparaison des belles têtes *idéales* de femmes, et des belles têtes de femmes, *portrait,* dans l'antique. Quelle différence entre elles ! Il n'y a point de tête (*portrait antique*) si belle qu'elle soit, qu'on puisse mettre ou supposer, sans un disparate frappant, sur le corps d'une statue idéale de Vénus, ou d'Apollon. Réciproquement, il n'y a pas de tête de Vénus ou d'Apollon, qui puisse s'accorder avec une statue du genre que nous avons appelé style de *modèle*.

On doit en effet reconnoître, que le don de la beauté, non, tel que la nature le dispense, mais tel que la théorie le définit, est tout aussi incomplet, dans les individus du sexe féminin, que dans ceux de l'autre sexe. Disons même, que sur ce point, il y a chez ce qu'on appelle *le beau sexe*, un grand nombre de petits agrémens ; et d'attraits propres à faire illusion, capables même de produire sur l'imagination, un charme égal à celui de la beauté, mais qui disparoissent devant la critique de l'imitation. Combien de portraits fidèlement copiés de femmes, dont on vante la beauté, sont cependant restés et restent encore pour l'art, sans aucune réputation.

C'est donc uniquement par les routes déjà indiquées, que l'art, dans sa théorie abstraite, peut parvenir à saisir le genre de la beauté idéale. Loin d'y arriver par la pratique de l'imitation individuelle, et selon quelques-uns, par un aggrégat formel et positif, de parties copiées sur plusieurs modèles, la seule voie propre à l'y conduire, sera celle de l'analyse, et de l'étude des causes, comme des effets qui doivent opérer, et faire goûter l'harmonie idéale dont on parle.

Par cette voie se découvriront à la théorie, et de suite à la pratique, les causes et les effets de ce beau, qui ne sauroit jamais être intégralement celui d'aucun individu, puisqu'il ne peut être donné à aucun, d'être en ce genre le supplément et le complément de la nature. Or cela nous explique, comment l'artiste de Platon, cité plus haut, n'auroit point pu montrer, parmi les êtres vivans, un être aussi beau que celui de sa statue. C'est que la nature ne produit point d'individus, dont la forme extérieure soit aussi correcte ou parfaite, que celle de l'image de l'art, quand celle-ci a été véritablement formée d'après le système général de la nature.

Ainsi donc le *style idéal*, et le *beau idéal*, sont, à proprement parler, dans leur rapport avec l'imitation des corps par les arts du dessin, ce qu'il faut appeler *un système*. Or le résultat de cette science, a pour objet d'interroger et de connoître les lois générales de la conformation humaine, de scruter dans les principes de l'organisation des êtres, la fin à laquelle la nature a destiné chaque partie du corps, les moyens par lesquels se produisent les résultats qui sont entrés dans les desseins du Créateur, et par conséquent les effets de la beauté. On comprend enfin, qu'une telle science n'est pas aussi accessible dans ses élémens, aussi évidente dans ses notions, aussi facilement applicable dans ses résultats, que quelques-uns se l'imaginent.

XI.

* * * * * *

On sait, que pour expliquer, comment l'art arrive à produire, dans ses effets, l'action et la vertu du beau idéal, ou généralisé, l'artiste a recours à quelques méthodes ou doctrines d'analyse, qui offrent l'apparence d'une exécution sensible et pratique, et dont beaucoup d'esprits se contentent. Voyons, si, en les examinant de près, elles produisent, ou peuvent opérer les résultats dont on se flatte. Peut-être cet examen nous conduira-t-il à penser, que ces résultats ne sont guère autre chose, que ceux de certaines formules métaphoriques, à l'aide desquelles, le langage ordinaire prétend rendre compte au sens extérieur, d'une opération très-subtile de l'intelligence, de l'imagination, et par conséquent du sens intérieur.

Ceux qui prétendent réduire à des notions purement positives, à des procédés sensibles, et en quelque sorte pratiques, la production du beau idéal, et les moyens d'y parvenir, disent que ce beau résulte de deux opérations fort simples.

L'une, est ce qu'ils appellent, *le choix des formes.*

L'autre consiste (disent-ils) dans *la réunion des beautés éparses* chez les individus.

A vrai dire, la théorie métaphysique du beau et de l'idéal, dans l'imitation, appartenant à tous les arts, et surtout à ceux du dessin, ne se refuseroit point à admettre cette double explication, pourvu qu'on entendît, que ce sera l'esprit qui dirigera les yeux dans cette opération, et que le génie de l'artiste présidera au double procédé dont il s'agit. Cependant beaucoup s'imaginent, que l'artiste n'a besoin que du secours de la vue extérieure, sans avoir recours à l'action intérieure, et à la direction d'un type moral de beauté, qui dirige son choix ; qu'enfin les modèles positifs peuvent le conduire, et au *choix des formes*, et à *la réunion des beautés éparses*.

Essayons donc de nous rendre compte de ces deux opérations.

Il est certain que ce qu'on appelle ordinairement, dans cette matière, *choix des formes*, semble rendre assez bien, une de ces opérations de l'esprit et de l'intelligence, dont aucune méthode physique ou positive ne sauroit donner ni le secret, ni le moyen. C'est qu'il est dans la nature de ce qu'on appelle *idéal*, de ne pouvoir être expliqué, sans le secours même de l'*idéal*. Peut-être en effet verrons-nous, que ce *choix des formes*, que l'on répète, et qu'on s'imagine comprendre, n'est qu'une de ces locutions banales, qui, comme en beaucoup d'autres genres, n'expliquent l'*obscur*, que par un plus *obscur*. *Obscurum per obscurius*.

Sans doute, il est certain, il est démontré au

sens ordinaire, que, dans ce que l'on appellera *imitation identique d'un individu*, il n'y a lieu à aucun *choix de formes*. Or, *vice versâ*, c'est une conséquence de cette prémisse, qu'il peut y avoir un mode d'imitation, qui ne se bornant pas à la répétition exacte d'un seul corps, doit chercher ailleurs que dans un seul, c'est-à-dire par conséquent dans plusieurs, cette perfection que la nature effectivement s'est refusée à concentrer dans l'individu.

Mais *choisir*, est nécessairement une opération de l'art et de l'esprit, qui jugent, entre plusieurs choses, quelle est la meilleure, la moins bonne, ou la pire. On voit donc, du premier abord, que cette idée de *choix*, qui paroît si simple, dans les choses ou dans l'ordre de la matière, et par l'organe matériel, si on la transporte dans l'ordre moral de l'intelligence, si on l'applique au discernement du beau, du bon goût, et à l'option entre les innombrables variétés de la nature, ne doit pas offrir des moyens aussi simples, qu'on se les imagine.

En tout genre, en tout ordre de choses, pour choisir le meilleur, il faut d'abord user de comparaison; il faut ensuite avoir les connoissances qui le font discerner.

Il suit de là, que quand l'artiste fait le choix qu'on suppose, il ne peut le faire et l'obtenir, qu'à l'aide d'un point de comparaison.

Mais quel sera ce point de comparaison? Sera-ce un modèle? sera-ce la réunion de plusieurs modèles ou individus?

Si l'on répond, (ce qui ne peut guère se supposer autrement) plusieurs modèles; nous demanderons : Combien en faudra-t-il? Où les chercher? où les trouver? Mais encore dans ce grand nombre de parties, dont se compose la structure extérieure du corps humain, où pourra se prendre, où pourra s'arrêter, et comment pourra se mettre en accord, cet inventaire de chacune des parties rassemblées de tant d'individus divers? C'en est assez, ce semble, pour donner à comprendre, que ce qu'on appelle *choix de formes*, s'il falloit entendre et interpréter cette locution dans sa signification précise et positive, (comme quelques-uns le pensent) est une chose impossible à réaliser en pratique, et dès lors inadmissible en théorie.

Si l'on entend, que la comparaison aura lieu entre un seul modèle et plusieurs autres, la même difficulté va se représenter. Combien en faudra-t-il pour légitimer le jugement de préférence accordée à un seul? Et enfin, sur quoi reposera le jugement de la préférence dont on parle? sur quoi se fondera le choix?

Mais, dit-on, les artistes usant presque toujours d'un modèle unique, prétendent l'imiter avec choix; et ils enseignent à n'imiter dans ce modèle, que ce qu'il a de beau. Reste donc toujours la difficulté. Comment s'opère *le choix?*

Je demande en effet à l'artiste, quel est. dans ce cas, le régulateur de son choix?

D'après quel autre point de parallèle, entre qui, entre quoi, d'après quoi, a-t-il jugé; puisque *choisir* c'est juger, entre diverses choses, quelle est celle qu'on trouve éminemment la bonne?

Il paroît alors évident, que cette opération de *choix,* ou de jugement, ne peut avoir lieu, que d'après un ensemble de connoissances acquises, sur les raisons de la nature dans la formation de ses créatures, et sur les moyens qu'elle affecte à chaque catégorie des êtres, et à chacune de leurs parties, pour remplir le mieux, les différentes fonctions qu'elle leur assigne. C'est là le vrai type général, le véritable exemplaire, auquel peut se confronter chaque partie du modèle particulier. C'est là, que jadis furent puisés, grâce aux moyens faciles, chez les Grecs, de faire ces sortes d'études, les principes régulateurs de toutes les variétés et de toutes les perfections, qui peuvent constituer le beau et le vrai, dans la conformation humaine.

Disons qu'encore aujourd'hui, c'est par de semblables moyens, que l'artiste peut confronter son ouvrage, et réaliser le *choix de ses formes,* soit qu'il en cherche la direction, dans de nouvelles études générales de la nature, soit qu'il mette en œuvre les nombreuses observations faites avant lui, sur ce qui peut constituer, dans chaque catégorie de sujets, d'âges, de personnages, de caractères, la perfection de l'ensemble, ou de chacun des détails du corps, selon la multiplicité de leurs emplois.

Ici donc revient évidemment le *type mental* de Cicéron, et le modèle intérieur de Sénèque, dont on a parlé plus haut.

Lorsque l'artiste consulte, dans l'exécution de

son ouvrage, plusieurs modèles ou individus, la théorie explicative du *choix*, telle que nous venons de la présenter, ne s'en trouve pas contredite. En effet, s'il donne à quelque partie du corps d'un modèle, la préférence sur la même partie d'un autre, il ne se décide à cette préférence, que par la confrontation qu'il fait de telle ou telle partie, au *type intérieur* qu'il possède, c'est-à-dire à l'idée ou à l'image (que ses études et ses observations lui ont fait acquérir) des qualités qui constituent la perfection, selon le vœu de la nature.

Pour s'appliquer à des objets matériels, cette opération qu'on désigne par le mot *choix*, n'en est pas moins une opération de l'intelligence et du goût moral. Jamais en effet, quoi qu'on puisse prétendre, ce choix ne sera susceptible d'une démonstration, ni d'une option toute matérielle. Si cela étoit, le beau ne seroit plus un objet de contestation entre les hommes. On doit dire au contraire, que cet acte de choisir, tient à des facultés intellectuelles, dont le principe rentre dans les mystères de la formation de nos idées, dans les secrets du goût, et de la diversité des facultés humaines.

Il est évident, que ce qu'on s'est habitué à appeler *choix des formes*, s'il falloit l'entendre selon le sens positif, que plusieurs lui affectent, est une chose impossible à réaliser par l'artiste, dans tout ce que ce choix comporteroit de variétés et de parallèles, et qu'il devient dès lors, une sorte de *non sens* en théorie. Qui ne voit en effet, que prétendre expliquer le moyen de parvenir au beau idéal, par le choix physiquement ou matériellement entendu des formes corporelles, n'aboutit en résultat, qu'à transporter la difficulté de la chose elle-même, à ce qui n'en est qu'une définition contestable?

C'est que l'opération dont il s'agit, quoiqu'elle se rapporte, en apparence, à la nature physique et à la beauté corporelle, n'en est pas moins du ressort de cette théorie métaphysique du *beau*, qui repose sur les élémens de la pensée, et de la formation de nos idées.

Il y a de même un grand nombre d'opérations de notre esprit, qui consistent dans l'acte de choisir. Mais comment analyser cette action? En effet, l'esprit fait ces choix avec tant de rapidité, qu'à peine il peut saisir les raisons de son travail, et s'en rendre compte.

Comment donc saisir, dans les motifs de sa dé-
termination, l'action de choisir les formes qui
constituent le caractère idéal? Pour l'artiste, dont
les études et le savoir auront enrichi l'imagination, des doctrines pratiques de l'*idéal*, il ne faut
ni plus de temps ni plus d'efforts, pour concevoir
l'image du corps humain, dans ce système, que
dans son opposé. Quant à l'exécution, l'expérience
apprend que les statues faites dans le premier système, ne demandent pas plus de temps, malgré
les prétendues lenteurs, que sembleroit devoir
exiger le *procédé du choix*.

Ce qui peut faire illusion à cet égard, c'est que,
par une fausse application, on attribue l'idée de
simple, au résultat de l'imitation d'un seul individu, que l'on oppose à ce qui est, ou paroît être
l'imitation nécessaire de plusieurs, et par conséquent une aggrégation d'élémens divers et multiples.

Mais cela provient de ce que l'on prend le
change sur ce qui fait le fond des deux méthodes,
soit dans l'exécution de l'ouvrage, soit dans son
résultat et son effet. Car la première, ou l'imitation individuelle est visiblement celle des détails,

des minuties, des petites variétés de la peau, des veines, et des hasards de la génération. Rien de plus opposé à l'idée de simple. L'imitation généralisée par le système de l'idéal, et par cette méthode que l'on appelle le *choix des formes*, est celle, au contraire, qui tend le plus visiblement, à l'unité et à la simplicité de forme et de caractère, en tant qu'elle semble remonter, le plus possible, au principe de la nature, entendu comme il doit l'être, et où l'on trouve la plus formelle application de l'axiome latin, *simplex duntaxat et unum.*

On croiroit en vain échapper à cette conséquence, en alléguant cette pluralité de modèles effectifs, dont on croit la recherche matérielle et positive, nécessaire à la formation des figures du genre *idéal.* Car, selon cette manière de l'expliquer, le *beau idéal* seroit *la réunion des beautés éparses dans la nature, sur le grand nombre des individus, et rassemblées par l'artiste sur un seul.* Voyons dans quel sens, et jusqu'à quel point, une saine critique peut et doit entendre cette explication.

XII.

* * * * * *

La prétendue *réunion des beautés éparses, etc.*
me paroît être une conséquence assez naturelle
de la thèse que nous venons d'examiner, puisque
le prétendu *choix des formes* doit, dans la théorie
que j'ai combattue, avoir pour but, leur réunion
positive sur un seul ouvrage. Il se pourra donc,
que si la première partie de cette théorie s'est
trouvée fondée sur une simple formule du langage,
dont on a pu abuser, pour matérialiser une opération intellectuelle de l'esprit, sa seconde partie,
qui n'est autre chose, qu'une conséquence donnée
comme réelle, d'un principe purement fictif,
s'évanouira de même à l'épreuve de la critique.

Qu'entend-t-on en effet, par *réunion* (sur une
image corporelle) *des beautés éparses dans la nature?*—On peut entendre par là deux choses:

L'une, que le beau complet de l'œuvre d'imitation, ainsi que son effet sensible, soit qu'on les
trouve fixés dans les méthodes de l'art, soit qu'on

les voie réalisés par les conceptions de l'artiste, ont dû résulter d'une longue suite d'observations, empruntées aux lois générales de la nature. Or cette notion n'est autre chose, qu'une déduction nécessaire de ce qui vient d'être établi plus haut.

L'autre conséquence est, qu'un des moyens de généraliser ces observations, consiste dans la confrontation, et le parallèle d'un grand nombre d'individus. La chose est indubitable.

Mais pour que le résultat de ces observations et de ces parallèles ait dû et pu être ce qu'on doit le supposer, pour qu'il fût devenu un style habituel, il faut reconnoître, qu'il eut besoin d'un concours également habituel d'essais successifs, et de circonstances très-particulières. Si donc on admet, qu'un grand nombre d'artistes (là surtout où les moyens d'observations étoient aussi nombreux que faciles) se seront d'âge en âge livrés à l'étude et au travail de la comparaison des corps, on concevra comment cette partie de l'imitation corporelle, avoit pu et dû se développer en Grèce. Partout effectivement, où, un grand concours d'efforts et d'études, tend vers un point de recherche, avec une grande activité, il doit se découvrir des routes abrégées, des moyens simplifiés, et des instrumens perfectionnés, pour faire plus vite, et pour faire mieux. Voilà ce qu'en tout genre les méthodes produisent.

Or, on sait qu'elles ont pour objet, de faciliter les combinaisons les plus subtiles de la pensée, comme l'exécution des travaux les plus mécaniques. Que la méthode idéale du beau corporel, en Grèce, ait ainsi trouvé la plus grande facilité à s'établir, vu la nature des mœurs et des usages, qui procuroient journellement tous les genres de modèles et de comparaisons des corps, c'est ce qu'on ne sauroit mettre en doute. De cette facilité de voir, d'étudier et de comparer toutes les variétés de l'espéce humaine, durent se déduire les principes pratiquement applicables à chaque partie du corps humain, et à chacune des modifications que toutes les sortes de sujets peuvent exiger et suggérer. De là sortirent sur chaque variété de style, de goût et de caractère (que comportent toutes les sortes de représentations et de sujets) autant de types d'une vérité et d'une béauté complète, types qui ne sauroient être les produits de l'effort borné d'une recherche individuelle.

Cependant, quelques-uns se forment une autre opinion, sur la manière d'entendre la possibilité d'opérer, par des moyens individuels, *la réunion des beautés éparses dans la nature*: comme si cette opération, au lieu de procéder des inspirations d'une théorie abstraite et générale, pouvoit dépendre de l'action ou de la faculté particulière de chaque artiste.

Cette manière, selon les vues bornées de quelques critiques, pourroit toujours être à la disposition personnelle de chacun. On l'obtiendroit, dit-on, en faisant une aggrégation positive de belles parties d'après différens modèles que l'on copieroit, en sorte que chacune de ces parties, au lieu d'être imitée sur un seul individu, le seroit d'après plusieurs, et sur divers modèles.

Or c'est précisément cette manière d'entendre la chose, sous un point de vue purement matériel et borné, qui en constitue, et doit en démontrer la méprise et l'erreur.

En effet, *cette réunion de beautés,* au lieu d'être, en principe, le résultat d'une action imitative généralisée, et d'une méthode fondée sur une suite d'expériences et d'exemples successifs, appuyés encore des nombreux suffrages de la raison, du goût et des sens; elle ne devroit s'entendre, que de l'effort et de la recherche isolée de chaque artiste, pour l'ouvrage qu'il entreprend. Or je doute qu'on en puisse prouver, ni même concevoir la possibilité pratique. Il faut se rendre compte, avant tout, de la manière dont l'artiste est tenu de procéder, dans l'invention ou la composition de sa figure, ou de son sujet. Ce ne sauroit être évidemment, de la façon dont il procède à l'exécution d'un portrait. De toute nécessité, il faut qu'il ait conçu dans son esprit, une image de la figure qu'il doit produire et réaliser. Mais si cela doit nécessairement avoir lieu, on peut dire, que l'artiste la voit dans son imagination, comme faite, avant qu'il ait commencé de la réaliser.

Mais comment pourroit-il, je ne dis pas la finir, mais même la commencer, s'il lui falloit en attendre l'ensemble, de toutes les parties de détail séparées, qu'il n'a pu encore emprunter aux nombreux modèles, dont il devra, dit-on, s'entourer pour en réunir les parties séparées? Il y a là une sorte de *non sens*, qui suffit à la réfutation de cette prétendue théorie.

Quand Lucien, pour donner l'idée de la beauté de Penthée, compose par écrit son portrait, des parties séparées que l'on vantoit dans les statues de Sosandre par Calomis, de la Lemnienne de Phidias, dans la Vénus de Praxitèle, et dans celle d'Alcamènes, appelée la Vénus aux Jardins; ce n'est là, qu'une manière adroite, employée par l'écrivain, pour produire dans l'imagination du lecteur, par le souvenir des beautés principales de chacun de ces ouvrages, l'image d'un ensemble complet de beautés et de perfections, que la peinture toujours partielle de la beauté physique, par les seuls moyens du langage, ne sauroit jamais manifester. Lucien, comme écrivain, devoit avoir recours à cette réunion, ou, pour mieux dire, division descriptive, afin de faire comprendre à l'esprit, ce qu'il ne pouvoit pas montrer aux yeux. Mais Lucien comme artiste (et il l'avoit été aussi) n'eût jamais essayé de produire dans une statue, les copies exactes de ces belles parties, telles qu'elles étoient.

Qu'on réalise, en effet, d'après un choix de belles figures antiques (bien entendu, d'un même genre) une réunion et un ensemble nouveau des parties que chacune de ces figures sera jugée avoir les plus belles; qu'on les réunisse par le moyen d'une échelle proportionnelle, dans un nouveau tout, et qu'on se figure ce que ce seroit. Ce que ce seroit? Ce seroit un chef-d'œuvre de discordances. C'est que le beau, de quelque manière qu'on l'imagine, dépend, avant tout, de rapports inséparables de l'objet qui les réunit. C'est qu'une belle partie enlevée aux rapports, dans lesquels et pour lesquels elle fut faite, n'est plus la même, surtout si elle se trouve isolée de son ensemble, et encore plus, si elle est mêlée à d'autres beautés, détachées elles-mêmes et rapprochées arbitrairement. Ainsi, avec beaucoup de belles parties, on pourroit n'opérer qu'un ensemble formé de discordances.

C'est qu'il faut, avant tout, que chaque figure soit conçue et imaginée en elle-même, et pour elle-même, c'est-à-dire dans son ensemble, et chacune de ses parties. Autrement, et surtout dans l'hypothèse fictive que l'on vient de présenter, ce ne seroit pas une figure *une*, mais un amalgame que l'on pourroit appeler une sorte de *montre d'échantillons de figures.*

Ce n'est pas qu'on ne puisse, et même qu'on ne doive admettre, ainsi qu'on le pratique scolastiquement, dans les études de la nature, comme moyens d'enseignement pratique, les observations et les comparaisons les plus multipliées sur les individus, et sur les parties séparées des beaux ouvrages. Ce fut en effet à l'extraordinaire facilité que le climat, les mœurs et les institutions de la Grèce, avoient autrefois procurée à l'artiste, de voir journellement la nudité, et dans le plus grand nombre des variétés favorables à l'imitation, que fut due cette science généralisée de la structure du corps humain. C'est à ce privilége, qui n'a eu lieu nulle part ailleurs, et ne s'est renouvelé depuis dans aucun temps, qu'on doit rapporter le développement de cet art, qui, encouragé encore par le polythéisme, devoit, au moyen des restes de ses statues de tout genre, nous révéler la science et le génie de l'idéal, dans les arts du dessin.

Mais si cette science et ce génie se développèrent, par la facilité d'opérer toutes les sortes de parallèles, qui produisirent ce qu'on doit entendre, d'une manière abstraite, par *choix de formes*, et *réunion de beautés éparses*, cela ne peut s'appliquer qu'à la théorie générale du système de l'art, et non à la formation d'une figure en particulier.

Et c'est bien ce que le peintre Eupompe prétendoit faire entendre à Lysippe, lorsqu'en lui montrant la multitude, il la lui indiquoit, comme le modèle, dans lequel il trouveroit à imiter la nature : *Dixisse, demonstratá hominum multitudine, naturam ipsam imitandam esse.* Certainement il ne lui conseilloit pas de faire venir chez lui cette multitude, pour copier en détail, à l'un un bras, à l'autre une jambe ou un pied, à un autre un torse, etc. pour de tout cela composer une figure; certes Lysippe n'eût pas produit quelques centaines de statues (selon Pline) s'il eût dû s'y prendre ainsi. C'étoit encore moins chacun des individus de cette multitude, qu'Eupompe lui proposoit de copier. Non. Ce qu'il lui conseilloit est précisément le système de l'idéal mis en pratique. C'est précisément, comme s'il lui eût dit : Formez vous pour les œuvres de l'imitation, que vous aurez à produire, une idée généralisée (d'après le plus grand nombre) de tout ce qui, pour chaque partie du corps humain, constitue la

justesse, la perfection, l'harmonie des formes; et
de chacune de ces perfections partielles, formez-
vous un système complet de la perfection générale
de la nature.

On ne sauroit donc concevoir, ni comme physiquement praticable, ni par conséquent comme
théoriquement admissible, une réunion formelle
de toutes sortes de parties d'individus, pour imaginer ou pour exécuter une statue. Cette prétendue *réunion de beautés éparses*, empruntées for-
mellement à différens corps, ne sera qu'un abus,
ou une métaphore du langage, pour expliquer
une opération abstraite et obscure de notre entendement, par une opération fictive elle-même;
espèce de théorie, par laquelle on prétend expliquer au sens ordinaire, ce qui tient aux élémens
mystérieux des facultés de l'intelligence.

Faute de pouvoir obtenir, sur ce point, les notions didactiques, qu'auroient pu nous donner les
grands artistes, qui, dans la Grèce, connoissoient
les secrets de cette théorie, on peut encore, sur ce
qu'il y a de possible à cet égard, dans la pratique,
s'adresser aux artistes de nos jours. Quelle que
puisse être la distance, qui, sur le mérite de l'i-

déal, existe entre le style de leurs productions et celui de l'antiquité, on peut leur demander de quelle manière ils pensent qu'on dut procéder. Voici, je crois, ce qu'ils répondroient.

Il y a deux choses à distinguer dans tout ouvrage de l'imitation corporelle : sa conception et son exécution.

L'artiste conçoit d'abord sa figure ou ses figures, c'est-à-dire qu'il les voit avec plus ou moins de clarté, dans son imagination, avant qu'elles acquièrent leur réalité imitative; et il les voit, ou s'efforce de les voir, telles qu'il voudroit qu'elles fussent réalisées. Cette première opération, tout inaperçue qu'elle soit, est tellement importante, qu'elle décide souvent de tout. Là est en abstraction, l'ouvrage que l'exécution développera ; et rien ne peut suppléer à cet élément : aussi reconnoît-on, dans les productions des artistes, celles où la puissance d'imaginer a été plus ou moins foible ou énergique. Mais il est sensible, et chacun peut comprendre, que si pour arrêter, dans son imagination, le projet de son ouvrage, l'auteur devoit *à priori*, et en réalité, employer l'échafaudage des deux systèmes, (*réunion de beautés* et *choix de formes*) cette méthodique opération, non-seulement détruiroit chez lui toute vertu d'inspiration, mais annuleroit entièrement l'action et la faculté de cette vue intérieure, dont Cicéron nous a retracé la puissance et l'effet.

Il ne se peut donc point, que le style et le caractère de formes qui constituent le genre de l'*idéal,* ou le genre contraire, soient sans influence sur la première conception de l'artiste, quelque ouvrage qu'il entreprenne. Nécessairement il voit dans son imagination, la figure qu'il projette, et à quelques degrés près, telle qu'il aspire à la réaliser. Que lui manque-t-il pour y réussir ? Sans doute un pouvoir d'exécution qui égale en rapidité, et surpasse en réalité celui de sa pensée. Mais le plus ou le moins de lenteur, le plus ou le moins de perfection, dans l'exécution, ne contredisent en rien l'existence de la faculté qui a fait naître l'image, et du principe dans lequel elle a été conçue.

Le statuaire, sans doute, sera des années à reproduire en matière la conception idéale, et l'expression de Jupiter, que le poète aura peut-être exprimée en un instant. Mais si Phidias n'eût pas conçu et fait son Jupiter dans sa pensée, si des yeux de son imagination, il ne l'eût pas vu *cuncta supercilio moventem;* toutes les réunions positives de modèles, qu'il eût pu consulter, n'auroient su lui suggérer, pour l'exécution de son ensemble, cette unité de grandeur, de puissance, de majesté, de vérité pour ainsi dire surnaturelle, et encore moins la lui faire produire. D'où il faut conclure, que cette vision mentale, ou cette conception imaginative de chaque sujet, est le vrai modèle intellectuel si l'on veut, mais nécessairement préalable, que l'artiste est contraint d'imiter, quand il procède à l'exécution matérielle de son œuvre.

Le second objet, avons-nous dit, qu'il faut distinguer, dans l'œuvre de l'imitation, est son exécution.

Cette partie comporte aussi plus d'une manière d'être entendue. C'est que, de fait, elle n'est pas aussi complètement soumise, que quelques-uns se l'imaginent, à l'action des moyens matériels. C'est qu'il y entre aussi, plus qu'on ne le croit, des élémens de l'intelligence. Sans vouloir pénétrer ici dans tous les secrets de cette analyse, nous nous bornerons à dire, que toute exécution en ce genre, doit avoir lieu, au moyen d'une confrontation continuelle et réciproque, de la réalité positive et physique, qui est sous les yeux de l'artiste, avec la vérité idéale et abstraite de l'image qu'il a conçue : de sorte qu'il a effectivement deux modèles, l'un intérieur, comme l'a dit Cicéron ; c'est celui qui *artem manumque dirigit :* l'autre extérieur, celui qui est ou un modèle vivant, ou quelque ouvrage classique de l'art, lequel suppléant à l'être animé, dirige l'artiste, et fixe ses conceptions.

Reste donc à examiner, si l'exécution pratique de la figure projetée, ou pensée par l'artiste, peut avoir lieu effectivement, et s'opérer de fait, au moyen d'une réunion positive et matérielle de plusieurs individus, dont on copieroit celles des parties, qui dans chacun d'eux paroîtroient les plus parfaites ; (procédé qu'on appelle *réunion de beautés éparses.)*

Il faut répondre encore ici, que la chose entendue matériellement, ou scolastiquement, si l'on veut, est encore une sorte de *non-sens,* produit par un abus du langage. De fait, une telle réunion, facile à exprimer par le langage, est une vraie chimère. Cet assortiment de formes et de caractères propres à chaque figure, dont l'artiste voudroit exécuter l'ensemble, ne peut être autre chose, qu'une métaphore employée par la théorie de l'art. Qui en effet pourroit se résoudre à entreprendre une figure, s'il lui falloit attendre la possibilité de son exécution, d'un concours plus ou moins complet des modèles vivans, appropriés à son sujet, et de l'inventaire des qualités partielles, exigées par son ensemble.

Mais, dit-on, tous les jours on voit l'artiste user de plusieurs modèles vivans, dans la confection de son ouvrage; et Zeuxis, pour faire son Hélène, avoit, selon le récit de l'histoire, choisi cinq des plus belles femmes d'Agrigente.

Oui, sans doute, répondra-t-on encore, l'artiste consulte les plus belles parties de différentes figures, analogues à celle qu'il a conçue, pour arriver au complément de la perfection qui est son but. Oui, mais consulter n'est pas toujours imiter, encore moins copier des parties séparées, et les reproduire dans un sens absolu.

Oui, sans doute, l'artiste, pour son exécution, et pour réaliser l'œuvre de son imagination, cherche où il croit les trouver, des formes en rapport avec celles de l'ensemble qu'il a projeté. Il cherche dans le plus grand nombre d'individus qu'il peut consulter, des exemples que la nature ne pourroit lui procurer, rassemblés dans un seul. Oui, il consulte le plus qu'il peut de modèles, mais il n'en copie point les détails tels qu'ils sont. Au contraire, il les modifie au gré du type intérieur de vérité, de beauté et d'harmonie qui le dirige : *Speciem quam intuens, in eaque defixus, manum artemque dirigit.* Il change de caractère tous ces détails, et il les transforme, au gré des convenances de son œuvre. Oui, tout ce travail d'une imitation presque indéfinissable, est tel que, l'ouvrage terminé, il peut faire voir tous les modèles qui auront passé sous ses yeux, sans qu'on y reconnoisse ces parties séparées, et ces *beautés éparses,* qu'on le suppose très-gratuitement en avoir réellement empruntées.

Disons-le, ces emprunts et ces réunions sont, au moral, du même genre que ces assimilations physiques, des substances alimentaires, dont l'action rentre dans les secrets de l'organisation naturelle, et qu'aucune analyse ne peut complétement expliquer ni décomposer. De même ici, l'analyse métaphysique reste en défaut. On est en effet contraint de reconnoître, que la compilation de plusieurs modèles, dans l'imitation que présente une figure du genre idéal, ne sauroit avoir lieu, de manière à pouvoir être enseignée et démontrée à l'esprit par les doctrines, ou aux yeux par les procédés de ce qu'on appelle *choix de formes*, ou *réunion de beautés éparses*.

Si cela est, on doit dire que ces locutions ne présentent, n'expriment, et ne sont autre chose, que de certains axiomes conventionnels, d'où il ne peut résulter, ni en théorie une idée claire de l'opération de l'esprit, ni en pratique, une méthode susceptible d'être enseignée. Dès lors, l'effet de ce beau que l'on nomme *idéal,* ne pouvant résulter en pratique, ni de la répétition bornée d'aucun modèle individuel, ni de l'imitation collective et positive d'un grand nombre, on ne peut se l'expliquer, que par le développement d'un principe général, dont les individus offrent bien quelques applications partielles et incomplètes, mais dont les notions, et aussi les effets, ne peu-

vent ressortir que d'une étude généralisée des lois
de la nature.

Dès lors, on tenteroit vainement de réduire à
des procédés didactiques et pratiques, la manière
de produire l'idéal, dans l'imitation du corps humain. Il restera prouvé que le développement de
cette qualité en général, et son application en particulier, dépendent d'abord de certaines causes
indépendantes, qu'on ne sauroit maîtriser, ensuite de certaines dispositions, ou directions des
talens, dont, selon les temps, la nature se montre
plus ou moins avare. Si le beau idéal est une abstraction, on ne sauroit (bien que ses effets frap-
pent nos sens) l'enseigner pratiquement par aucune méthode. Dans toutes les hypothèses favorables à sa production, toujours sera-t-on obligé
de reconnoître, que peu d'esprits sont en état
d'en découvrir les voies, qu'il exige des rapprochemens que peu d'organes peuvent opérer, une
délicatesse de goût, une subtilité de jugement,
une pénétration d'intelligence, qui se rencontrent
chez un très-petit nombre d'hommes.

Maintenant, comment le sentiment et le savoir
du beau idéal, dans l'imitation de l'art, étoient-

ils devenus aussi habituels en Grèce? Par quelle cause s'étoient-ils développés chez les artistes, et chez le public, au point de former, dans les ouvrages, un caractère devenu général, et si l'on peut dire classique? Comment ce qui nous paroît dépendre de qualités peu communes, chez la plupart des hommes, étoit-il devenu l'attribut du plus grand nombre de talens, à en juger par le style dominant de leurs ouvrages? C'est ce que nous allons essayer de faire connoître.

XIII.

* * * * * *

Quand une manière de sentir, de voir et d'exécuter, en fait d'art, et ce qu'on appelle un caractère d'imitation, sont devenus, chez un peuple, universels, classiques, et si l'on peut dire usuels, il est presque impossible que cela ne tienne pas à ce qu'on appelle de véritables racines, c'est-à-dire à des causes originaires, aussi anciennes que ce peuple; causes qui se sont développées avec lui,

et par lesquelles se sont formés son caractère,
son goût et son esprit.

Rien de plus difficile, et de moins certain, que
la découverte de ces causes premières, à l'égard
du principe originaire des institutions morales ou
politiques. Il n'y a point d'archives où s'enregis-
trent les titres des acquisitions successives dont
se composent les lois, les opinions, et les consti-
tutions des peuples. Sur tous ces points, c'est uniquement par quelques traditions de faits plus ou
moins constans, qu'il est donné de pouvoir remonter à quelques causes; route toujours obscure,
et pleine d'ambiguités, où, tout étant conjec-
ture, la moindre méprise peut devenir la source
des plus graves erreurs.

Il n'en est pas tout-à-fait ainsi des recherches,
qui, à l'égard de certains peuples, se dirigent vers
les causes originaires de la formation et de la direction des arts d'imitation, ou du dessin. En ce
genre, chaque ouvrage héritier ou légataire des
titres de son origine, en perpétue les notions, et
les transmet indéfiniment lisibles aux générations
successives. On peut dire de l'art, que ses ouvrages
sont ses annales et ses titres généalogiques. C'est

que ces titres, même les plus anciens, même antérieurs à toutes les connoissances historiques, dès qu'ils reposent sur des ouvrages parvenus jusqu'à nous, sont doués d'une certitude, que ni les écrits, ni les tradi ons ne peuvent égaler.

Ainsi, dès que nous connoissons, soit par des monnoies, soit par des fragmens de pierres grossièrement sculptées, soit par des dessins tracés sur des vases extraits des plus antiques sépultures, le type d'art ou le degré d'imitation, le goût de dessin d'un peuple, dans ces temps reculés que ne peut éclairer, pour nous, le flambeau de l'histoire; nous pouvons dire avec assurance ce qu'étoit, chez ce peuple, l'état des arts d'imitation, à une époque où nous savons à peine conjecturalement ce que ce peuple étoit lui-même. On comprend dès lors, qu'étant réellement incapables de deviner la manière dont s'étoit formée la première société en Grèce, nous pouvons cependant, et connoître, et affirmer comment s'y sont formés ses arts.

Or nous verrons que cela est avéré et certain, surtout à l'égard du goût et du style de l'imitation, dans les arts du dessin. Déjà nous avons vu et reconnu que ce qu'on appelle l'*idéal,* (ce mot pris et entendu dans une acception générale, et indépendante de l'application qu'on en fait au beau) ne fut pas, chez les Grecs, le produit local accidentel et instantané de quelques contrées, de quelques artistes, de quelques époques; mais qu'il fut un signe généralement distinctif de toutes les productions de ce peuple, dans tous les âges. Ajoutons, relativement à l'imitation du corps humain, qu'il ne cessa point de l'être, dans tous les rapports, sous lesquels se présentent les régions diverses de cette imitation, qui se font distinguer par des aspects et des dénominations, dont nous n'avons encore fait aucune mention.

Sans doute, si nous devions embrasser l'ensemble de cette imitation, développée dans toute l'étendue de chacune de ses parties, il y auroit lieu d'y faire aussi entrer la peinture, sous le rapport particulier de la couleur, et quelques autres encore. Mais nous sommes fort loin de prétendre ici embrasser toutes les applications de cette théorie. Cependant', tout en nous restreignant aux termes de ce que l'on appelle spécialement le dessein, tant en sculpture qu'en peinture, nous ne pouvons nous dispenser, de faire aussi l'application théorique de l'idéal, aux notions de ce genre, qui complètent son domaine, et par conséquent, d'y comprendre ce qu'on doit appeler *l'idéal* de *l'expression*, et *l'idéal* de la *composition*.

Quant à ces deux dernières parties, on ne sauroit s'empêcher, même dans un examen superficiel, de faire remarquer une entière conformité de système, de principe, de goût et de manière, entre elles, et la partie du dessin. Ce seroit surtout en présence des monumens mêmes, qu'on prouveroit avec une entière évidence, que, dans toute l'antiquité, il régna, non pas seulement une différence, mais une opposition sensible entre ses méthodes, ou ses pratiques à cet égard, et les partiques ou les méthodes suivies par le plus grand nombre des modernes, sauf quelques exceptions dues à très-peu d'écoles ou d'artistes.

On sait assez jusqu'à quel point, et pour la plus grande partie, les modernes à de certaines époques, et en quelques pays, semblèrent s'étudier à être minutieux dans les moyens et les effets de l'expression ; comment cherchant à rendre les passions et les mouvemens de l'ame, par les détails accidentels des traits, par les petites altérations des muscles, et les maigreurs des rides, des poils de la peau, etc. cette pratique se trouva devenir l'entière contre-partie de celle qu'adopta constamment l'antiquité. On sait, en effet, combien au contraire, les antiques, sobres de détails en ce genre, comme de pantomime dans les mouvemens, subordonnant la manifestation des passions par les traits du visage, au principe de la beauté, évitèrent toujours l'expression outrée, qui produit la laideur dans les traits, et l'exagération qui détruit la noblesse de caractère dans les mouvemens.

Evidemment, leur système d'expression fut dans un parfait accord, avec celui de leur dessin et de leur nu. Si la conformation du corps, dans les statues antiques, avoit semblé à quelques critiques, annoncer une race d'hommes d'une nature supérieure à la nôtre, on pourroit dire avec plus de vraisemblance encore, que l'expression des mouvemens de l'ame, dans leur physionomie, semble caractériser des êtres non pas impassibles, mais doués d'une force morale, capable de supporter avec plus de courage, les atteintes des maux et de la douleur. Telle est, du moins, l'idée que fait naître l'aspect de celles des figures antiques, où la douleur est exprimée.

Généralement aussi, ce qu'on appelle, en terme d'art, la *pantomime* des personnages représentés en rapport *d'action*, ou de *colloque*, les uns avec les autres, nous présente un degré de mouvement ou de vivacité extérieure, beaucoup plus modéré, que celui des figures modernes, en peinture et en sculpture. Les figures, dans les statues ou les compositions en bas relief des Grecs, ressemblent, quant au mouvement, à des acteurs qui gesticulent peu. Leur action dramatique, en cela visiblement opposée à celle du plus grand nombre, selon le goût moderne, sembleroit avoir eu pour but, d'indiquer plus à l'esprit si l'on peut dire, qu'aux yeux, ce que les autres disent aux yeux plus qu'à l'esprit. Il faut l'avouer; comme généralement dans les convenances de la vie civile, et les rapports des hommes entre eux, de trop grands mouvemens semblent peu compatibles avec une certaine dignité de la part des

personnages, on a remarqué que la même re-
tenue, dans l'expression des mouvemens extérieurs, caractérise également la manière d'être,
que la sculpture antique a toujours affectée aux
personnages du style idéal.

Nous trouvons que le même sentiment, et le
même accord dominent dans ce que l'on appelle *composition*, ou réunion de personnages,
vus sur les bas reliefs antiques.

Si quelque chose, de l'aveu de tout le monde,
et à la première vue, les distingue de presque
tous les travaux modernes, en ce genre de sculpture, c'est bien certainement la privation, on peut
le dire, à peu près absolue, de ce que les modernes ont appelé *effet, chaleur, mouvement, variété.*
A peine même se seroit-on, pendant long-temps,
permis de donner le nom de composition à cette
méthode, si l'on peut dire symétrique et mono-
tone, de placer, sans contraste pittoresque, sur
un ou deux plans, et sous un même niveau en ligne droite, toutes les figures; et pour l'exprimer
en un seul mot, dans un ordre qu'on a pendant
long-temps appelé *style de procession.*

Ce qui se fait encore remarquer, dans le style

ou le système de composition, qui appartient à la sculpture du bas relief antique, c'est une négligence véritablement systématique, d'un grand nombre de petites vérités de détail, soit dans les accessoires, soit dans les plans, soit dans la perspective des figures, et des lieux qu'elles occupent. J'appelle cette négligence *systématique*, parce que les Grecs ayant porté jusqu'à la perfection, ce que l'imitation comporte de plus difficile, on ne sauroit raisonnablement attribuer à incapacité de l'art, l'imperfection de ce qu'il y a de plus aisé. Je dis *incapacité de l'art*, et non de l'artiste. En effet, celui-ci dut naturellement négliger dans son exécution, ce que les besoins ou les convenances des sujets traités par l'art, n'en exigeoient point. De fait, si cette ignorance avoit eu lieu, il faut convenir, qu'elle auroit dû être volontaire. Je veux dire par là, que l'omission de régularité et de soins dans les détails, avoit dû procéder de ce même système d'abstraction, ou de manière de voir généralisée, dont l'effet appliqué aux divers détails de l'imitation, est d'y faire négliger précisément tout ce que recherche cette autre manière de voir, particularisée et minutieuse, qui fut celle du bas relief moderne.

Je n'ai pas le dessein d'établir ici un parallèle complet, entre ces deux manières de voir, entre leurs avantages ou leurs inconveniens respectifs. Mon objet, en ce moment, n'est ni de vanter, ni de déprimer sur ce point, soit les anciens, soit les modernes, mais simplement de caractériser leurs styles, et les points de leurs dissemblances. Or rien ne peut faire mieux apprécier la méthode des Grecs, dans la partie de la composition, par ses traits les plus évidens; comme aussi établir en même temps, que leur goût et leur style, sur cette partie de l'art, procédèrent de ce même système d'imitation abstraite, généralisée ou idéale.

Il nous a paru sensible et démontré, que leur style de dessin, dans le nu des statues, est le contraire du style appelé de *modèle*, ou de portrait, qui prétend, par la scrupuleuse représentation des moindres détails individuels, contrefaire la réalité effective *d'un* homme. Dès lors, il semble qu'on peut avancer, comme un point tout aussi évident, que le style de composition antique, dans le bas relief, tend on ne peut pas moins à ce genre de représentation des hommes, des choses et des lieux, qui en devient l'image positive, ou le portrait identique. Loin que la composition antique offre les détails d'une fidélité aussi minutieuse, on s'aperçoit au premier coup d'œil, qu'elle ne prétend à autre chose, qu'à une ressemblance conventionnelle.

Il faut reconnoître en effet, relativement à cette imitation, qu'on peut et qu'on doit y distinguer deux propriétés, dont l'art, selon les temps et les convenances, a pu s'emparer diversement. L'une de ces propriétés, bornée à n'être qu'indicative, est celle qui procède de l'esprit des *premiers signes,* lesquels devinrent les élémens d'une écriture primitive. L'autre propriété, qu'il faut appeler représentative, appartient à la nature de *l'image,* c'est-à-dire à la délinéation, et à la configuration des objets.

Comme le *signe* participe à la propriété de *l'image,* lorsque l'écriture hiéroglyphique arrive à désigner les objets, avec une certaine ressemblance de leur forme, de même *l'image* peut conserver une partie des propriétés du *signe* lorsque succédant à la délinéation hiéroglyphique, elle se trouve employée comme remplacement de l'écriture ou des inscriptions. Et voilà ce qui est arrivé à une partie de l'art d'imitation primitive en Grèce.

Cette manière d'imiter porte son titre originaire, trop lisiblement écrit dans les compositions du bas relief, et à toutes les époques chez les Grecs, pour qu'on puisse se permettre un doute à cet égard. Jamais on n'a pu s'en expliquer le style et le goût, sans reconnoître, qu'elles avoient eu dans tous les temps, à figurer, plus ou moins, comme inscriptions, avant de plaire comme *images;* et que, sans être littéralement (comme elles le furent ailleurs) une écriture positive et formelle, elles avoient dû rester plus ou moins subordonnées à quelques-uns des emplois primitifs, qui leur avoient donné l'être.

D'où il dut résulter, que le caractère de ces sortes de compositions, subordonné à un degré d'imitation totalement étranger aux détails de vérité individuelle, se trouve sous un rapport, fort différent, il est vrai, avoir une certaine concordance avec le genre, et quelques-unes des conditions, que nous avons reconnu devoir appartenir au système perfectionné de l'idéal en sculpture.

La chose peut encore ici se prouver, par son contraire. Indépendamment des connoissances théoriques en cette matière, il n'y a personne qui ne puisse reconnoître, que le genre de composition opposé à celui de l'idéal, est celui qui se borne à l'imitation identique des choses, des personnes, des lieux, et de tous leurs moindres détails ou accessoires (comme par exemple un portrait appelé de famille.) Cela posé, une propriété du genre idéal, en fait de sujets de composition, se manifestera, dans ceux des ouvrages de ce genre, où les choses, les personnes, etc. et tout ce qui en constitue les accessoires, se trouveront seulement indiqués, et de manière à en faire concevoir sommairement l'idée générale, sans en exprimer les détails minutieux ou accidentels.

Or tel est le genre d'idéal du bas relief antique.

Si donc on analyse, d'après leurs traits les plus caractéristiques, le *style de dessin*, le *style d'expression*, et le *style de composition* de la sculpture Grecque, on reconnoît qu'en tout se manifeste le même système d'imitation conventionnelle, abstraite ou généralisée.

Pour n'en citer que quelques exemples de détail, on ne sauroit méconnoître les conséquences directes de ce système, dans la méthode universelle, en sculpture, des profils rectilignes; des nez plus ou moins carrés, des sourcils taillés angulairement, des yeux généralement privés de prunelles, des cheveux taillés par masses, dans les plis habituellement perpendiculaires, dans les étoffes accrsant le nu, dans la négligence ordinaire des accessoires, dans le système si largement écrit des formes du corps, dans la sobriété d'expression, dans l'économie de mouvemens, etc. etc.

Nous verrons ailleurs (dans la dissertation suivante) que l'usage devenu si habituel de la nudité, à l'égard d'un nombre infini de sujets, ne peut guère, à l'égard surtout de quelques-uns, trouver son explication, que dans le fait d'une habitude, devenue universelle, de tout considérer, sous le point de vue le plus généralisé.

C'est bien aussi ce qui nous explique l'origine, ou le principe pratiquement considéré, de ce qu'on appelle le *beau idéal*. Peut-être historiquement considéré dans l'art des Grecs, n'est-il autre chose, que l'effet du principe de généralisation, appliqué à cette qualité corporelle, que l'on appelle beauté, soit dans les traits du visage, soit dans la conformation des corps, dans l'harmonie de leurs formes et de leurs proportions.

Mais je veux dévoiler encore ici, quelques-unes des causes, qui, pour la formation des arts d'imitation en Grèce, mirent ses artistes à portée de produire si constamment, et si généralement par leurs ouvrages, ce style dans lequel, n'ayant point eu de prédécesseurs, on peut affirmer qu'ils n'ont point encore rencontré de véritables successeurs.

XIV.

* * * * * *

Plus d'une raison de ce caractère particulier des ouvrages d'art de la Grèce, a déjà été donnée dans des théories, productions d'écrivains ingénieux sans doute, qui cherchèrent à l'expliquer, par l'effet de causes morales ou politiques ; causes, dont on ne prétend pas récuser ici l'influence plus ou moins active. Sans donc rejeter ces explications, il nous semble toutefois, que ce caractère

doit trouver une explication, peut-être plus plau-
sible, dans un simple exposé de la génération de
tous les arts d'imitation, chez les Grecs. Or la
preuve historique de cette cause génératrice, n'est
ni difficile à découvrir, ni embarrassante à démontrer. Au lieu de s'appesantir sur la recherche
des autorités historiques, à cet égard, et sur les
preuves de leur véracité, il me paroît, qu'il peut
suffire de bien entendre, et de constater, ce qu'on
lit à toutes les pages de l'espèce d'histoire, dont
je veux parler. Il ne faut que rechercher, *quel fut
le germe primitif de l'imitation en Grèce : quelle
fut la différence de son origine avec celle de l'art
Égyptien : quelles furent les causes vraiment originaires du style idéal poétique : quel fut le pouvoir du principe religieux.*

Première cause originaire du style idéal.

Quand on remonte, par les autorités même des
monumens, aux documens positifs de la formation première des œuvres de l'imitation en Grèce,
on est forcé de reconnoître, que cette imitation
émana d'un principe, qui sans avoir été précisément ce qu'on appelle, en Égypte, l'écriture

proprement dite hiéroglyphique, dut cependant tenir par quelques points, tout ensemble, aux conventions des signes, et à la realité de la nature des corps.

On ne sauroit douter que l'écriture n'ait commencé en tout temps, en tout pays, par être un langage pour les yeux, avant de devenir celui de l'intelligence et de l'esprit. Il faut toutefois se garder de conclure sur ce point, que les Grecs aient eu une écriture composée, comme en Égypte, des formes conventionnelles de toute espèce de corps. L'écriture peut, en certains pays, se former de la compilation d'une multitude d'objets d'imitation matérielle, sans qu'il soit réciproquement vrai, que toute représentation informe ou syncopée des mêmes objets matériels, forme ce qu'on doit nommer une écriture véritablement littérale. Or voilà, dans le fait, ce qu'on ne sauroit dire des primitives images plus ou moins syncopées de la sculpture des Grecs. Ces signes ne créèrent pas des lettres, mais ils retracèrent des idées, ils devinrent, dès lors, l'expression la plus généralisée des objets ou des sujets, dont ils devoient communiquer l'idée, ou perpétuer le souvenir. Fidèles à leur

emploi originaire, ils ne laissèrent pas, à mesure du développement successif des arts, de perpétuer pour les yeux et pour l'esprit, l'habitude d'un système d'exécution plus ou moins
abstrait.

Or, que tels aient été les premiers pas de l'imitation en Grèce, que tels soient les monumens qui
en déposent encore, c'est ce qui résulte généralement d'une multitude de restes d'antiquité, parvenus jusqu'à nous, mais particulièrement encore,
des nombreux témoignages d'écrivains Grecs, tels
que Pausanias et Strabon, qui comparent le style
primitif de l'art en Grèce, à celui des statues
égyptiennes : tant cela leur parut justifié par la
nature même des ressemblances mythologiques.
Cela se trouve encore confirmé pour nous, par
d'anciennes figures Grecques, soit celles que nous
trouvons décrites chez les auteurs, soit celles
que nous possédons, dans les restes les plus ar-
chaïques, de dessins, de bas reliefs, de monnoies,
de gravures, etc.

Il faut donc poser pour constant, que soit par
suite de communications réelles, soit par l'effet
d'un instinct commun à tous les peuples, l'art de

l'imitation perfectionnée, dut ses commencemens en Grèce, aux besoins d'une sorte d'écriture figurative, dont les signes plus ou moins complétement formés, ne pouvoient présenter aux yeux et à l'esprit, qu'un système incomplet d'idées abstraites et d'images générales.

Il est tout aussi constant, et tout aussi démontré, que les causes qui, chez les Égyptiens, devoient retenir l'imitation du corps humain, dans les lisières d'une perpétuelle enfance, ne purent avoir en Grèce, ni le même empire, ni les mêmes effets. C'est qu'effectivement la similitude du principe, ou du germe qu'on vient de faire connoître, fut loin d'être entière, comme nous allons essayer de le montrer.

Deuxième cause originaire du style idéal.

La principale dissemblance, dans le résultat du principe originaire, dont on vient de parler, ressort évidemment de la différence très-sensible de nécessité, à laquelle les signes de l'imitation primitive furent assujétis chez les Grecs. Lorsqu'en effet nous avons comparé en Grèce, les premières images des corps et des objets, à l'écriture, nous avons été loin de vouloir faire entendre, par ce mot, que ç'ait été une écriture, ou telle que ce mot l'exprime aujourd'hui, ou telle qu'on l'entend partout, dans les usages de la vie, mais seulement telle que le système hiéroglyphique de l'Égypte l'employa.

En Égypte, les signes hiéroglyphiques, auxquels il conviendroit même d'associer les idoles de ce pays, devenus dans leur sphère, les caractères d'une langue parlée ou écrite, durent rester sans aucune modification possible, tels que le besoin les avoit figurés ou modifiés. S'ils eussent subi la moindre innovation, ils seroient devenus inintelligibles. Et voilà, ce qui seul nous expliqueroit comment et pourquoi, en Égypte, l'art de l'imitation vraie des corps, et des objets, ne put jamais s'en emparer pour les modifier. Mais en Grèce les premiers signes figuratifs des corps et des objets, ayant eu, dès leur origine, un emploi beaucoup moins précis, et un but fort indépendant de celui qui appartient à l'écriture proprement dite, rien n'empêcha que leur forme, en se modifiant et en s'améliorant, ne continuât de produire le même résultat. Disons même encore, qu'à mesure du perfectionnement de l'art qui les modifioit, ils n'en devinrent que plus propres à exprimer l'ensemble et la réalité des choses, dont ils n'avoient pu d'abord représenter que des apparences incomplètes.

Mais les premiers pas de l'art décident généralement de sa marche et de sa direction ultérieure. Il faut donc toujours le remarquer ; ce fut (bien qu'à une grande distance de l'hiéroglyphe Égyptien) dans la région d'un système plus ou moins abstrait, qu'on vit se former le premier style d'une imitation, proprement dite , en Grèce. En effet, ses premiers ouvrages participèrent toujours de ce manque de vérité, qui caractérise complétement les objets, mais qui n'oppose point au perfectionnement, un obstacle invincible.

Peu à peu, effectivement, l'esprit de l'imitation qui tend à se développer, dès qu'il cesse d'être enchaîné, dans la routine d'une convention sacrée, devoit donner de nouvelles formes à des signes dont le goût ne pouvoit plus se contenter. L'art s'en perfectionna graduellement. Dès lors le peuple se trouva porté à corporifier, ou si l'on veut à *vivifier*, le plus grand nombre des signes, à mesure qu'ils sortoient de la grossièreté de leur enveloppe.

Enfin, dès que ces images cessant d'être, ou des signes, ou des symboles, eurent abdiqué l'extrême simplicité des contours sans art, des lignes roides et droites, et de leurs formes inimitatives, il leur fallut devenir les images d'êtres, ou de personnages fantastiques, si l'on veut pour la raison, mais réels aux yeux de l'imagination. Dès lors, l'imitation corporelle dut prendre son essor. Bientôt se produisirent sous la réalité imitative de la véritable forme humaine, les personnifications diverses de la divinité. Dès lors aussi, se manifesta le besoin de revêtir de formes plus ou moins perfectionnées, les êtres que l'imagination avoit créés à l'image véritable de l'homme.

Combien de tems fallut-il, pour que, par exemple, le signe abstrait d'une constellation se changeât, dans l'esprit des Grecs, et sous la main vivifiante de l'artiste, en *Mars*, en *Mercure*, en *Saturne* ? C'est, sans doute, ce que l'on ne sauroit dire. Mais ce qu'on peut augurer, c'est que ce dut être l'effet d'une progression assez lente, et dans laquelle, l'imitation devenue cause, et tout à la fois conséquence, fut forcée d'enchérir toujours sur elle-même, et d'ajouter à ses images, une perfection de plus en plus progressive, à mesure qu'obtenoit plus de croyance l'existence de leurs sujets.

Ce qu'il faut remarquer encore, c'est que ces images, succèdant à des conceptions purement abstraites, n'en durent que plus impérieusement revêtir des formes puisées elles-mêmes, à la source d'un système d'imitation abstrait aussi, mais qui, dans un autre genre, et d'une autre manière, s'éloignât de l'apparence matérielle et triviale de *l'individu*. Ainsi dut naître, et dater de cette seconde convention, l'habitude de généraliser, ou d'idéaliser les formes du corps humain. Nouveau caractère bien distinct, du principe et du développement de l'art en Grèce.

Dès lors en effet, l'art fut contraint de s'exercer, non, comme en d'autres pays, à la représentation d'individus réels, ou de sujets qui exigent la ressemblance individuelle et identique, mais au contraire, à la représentation d'êtres nés de l'imagination des poètes, ou de l'arbitraire des mythes. Par conséquent, la représentation de ces êtres, en vint, pour acquérir la vérité qui leur convenoit, à exiger le genre de l'ensemble et les détails des formes idéales.

Troisième cause originaire du style idéal.

Lorsqu'enfin la trace élémentaire du *signe* primitif se trouva entièrement effacée, par l'effet des modifications successives, et lorsque, par l'oubli total de sa signification originaire, le *signe* lui-même eut fait place, dans des figures nouvelles, à un autre ordre d'idées, comme, par exemple, lorsque le signe de la lumière fut devenu un Apollon, celui de la science une Minerve, etc. etc. alors on vit se créer un nouveau monde, à la fois matériel et intellectuel, que l'imagination, à l'aide de l'art, se plut à peupler, et qu'elle embellit à son gré. Bientôt dans cette nouvelle région furent transportés, non plus en idées, mais en figures imitatives, tous les sentimens, toutes les passions de l'homme, et par conséquent tous les traits correspondans à toutes les affections morales.

De là dut résulter un caractère de formes, en

rapport visible avec les êtres, sous l'apparence desquels ces idées devoient se révéler aux yeux ou
au sens extérieur. Les habitans intellectuels de ce
monde *idéal*, présumés d'une nature supérieure,
et d'une essence beaucoup parfaite, durent être
figurés en conformité des croyances établies sur
leur compte. Il fallut qu'ils surpassassent en beauté,
en force, en perfection, la beauté, la force, et
les qualités corporelles des simples mortels.

Ici dut s'établir une nouvelle lutte entre le
poète et l'artiste. Nul doute, qu'à son enfance, la
poésie avoit pu emprunter aux types incomplets de
l'art du ciseau et du pinceau, ce qu'il faut appeler aussi l'ébauche de ses conceptions. Cependant
on comprend pourquoi, et comment, l'action
privilégiée de l'imagination, beaucoup plus indépendante que toutes les autres facultés, dans la
procréation des êtres, dont elle forme ses tableaux,
dut promptement enchérir sur ses rivales : tant
est illimitée la puissance qu'elle a, de triompher
dans l'imitation des corps; tant ici est hors de toute
mesure, la sphère de ses conceptions.

Ce fut donc indubitablement aux dieux des
peintures Homériques, que la poésie de l'artiste,

dut, d'agrandir les formes et les proportions de ses personnages. Pour se mettre au niveau de son nouveau modèle, l'art n'eut d'autre moyen, que de se créer, en quelque sorte, un genre d'une beauté corporelle, qui fût elle-même une abstraction, c'est-à-dire l'imitation, non d'*un homme*, mais *de l'homme*, c'est-à-dire *de l'homme* vu, non dans la région bornée de l'individu, mais dans le domaine étendu *de l'espèce*. De là devoit naître un véritable exemplaire des lois générales de la nature, d'après lequel l'artiste, de plus en plus dégagé de la servitude des divers degrés parcourus jusqu'alors, par l'imitation rétrécie des âges précédens, peut élever son œuvre au niveau de celle du poète.

Ainsi, de plus en plus, le besoin d'idéaliser dut se faire sentir. Effectivement, les êtres imaginaires dont on vient de parler, ayant reçu d'abord leur existence visible, de la nature abstraite du *signe* hiéroglyphique, durent ensuite aux abstractions spéculatives des poètes, un second genre d'existence idéale. Mais dans cette nouvelle péripétie, ils ne firent qu'échanger les propriétés abstraites du *signe* matériel, contre les qualités morales de l'image poétique.

Quatrième cause originaire du style idéal.

L'imitation ne se délivra donc des liens du caractère littéral, et de l'abstraction grammaticale, que pour s'élever de plus en plus dans la région du genre allégorique, et de l'abstraction métaphorique. Mais la cause qui porta au plus haut point le développement du germe imitatif en Grèce, et contribua le plus à le fixer dans la poésie de l'idéal, fut incontestablement l'action du principe religieux. Mêlé à toutes les institutions, ce principe voulut que les sens du plus grand nombre, fussent de toute part frappés et pénétrés de la croyance des dieux, et de leur existence surnaturelle.

Dès lors on s'explique, comment la religion ne se contenta plus d'employer les figures, ni comme caractères représentatifs des mots, ni comme symboles emblématiques des idées religieuses, mais bien comme portraits fidèles des êtres, qui pour paroître supérieurs aux hommes, devoient être revêtus de corps, et de formes au-dessus de celles des simples mortels. Associés ainsi aux conceptions idéales de la religion, les images divines, par l'effet d'une consécration de plus en plus solennelle, devinrent les plus éloquens interprètes des opinions, ou des dogmes qu'il fallut consacrer, répandre, accréditer et expliquer.

Les œuvres de l'imitation continuèrent donc de rester subordonnés en Grèce, à l'influence religieuse. Mais l'esprit de cette influence avoit dû se modifier, par les progrès mêmes qu'elle avoit fait faire aux arts. Ces arts ne changèrent point de maîtres; seulement ils changèrent le genre de leurs services. Toujours ils conservèrent, avec le souvenir et les titres de leur origine, l'obligation d'être ce que la religion avoit besoin qu'ils fussent, pour continuer d'en être les soutiens. Ainsi ce nouvel empire de la religion sur les arts, dû en partie à la révolution qu'ils y opérèrent eux-mêmes, nous explique comment, après avoir commencé par être ses esclaves, ils devinrent ses ministres. Nous voyons comment, et par quelle voie, de copistes serviles qu'ils avoient été, dans la pratique d'exécution routinière des signes primitifs, ils parvinrent à être les traducteurs fidèles, et toutefois originaux, des nouvelles conceptions de la langue religieuse.

C'est que, dans le fait, chaque divinité Grecque,

avec tout ce que l'imagination lui avoit créé d'accessoire et d'historique, n'étoit qu'un composé d'idées abstraites, dont l'art devoit chercher, et trouver les moyens de rendre le résultat et l'expression sensible. C'est à quoi il dut réussir, et il y réussit en effet, par une nouvelle application de formes mises en rapport, soit pour l'intelligence, soit pour les yeux, avec l'essence poétique, abstraite et idéale des êtres auxquels il donnoit un corps.

Il résulteroit donc de tout ceci, que l'histoire de l'origine, des progrès et du perfectionnement de l'art de l'imitation en Grèce, ne seroit autre chose, que l'historique fidèle et généalogique du style, que l'on appelle, sous plus d'un rapport, *idéal.*

Nous avons vu qu'en ramenant l'idéal à sa définition originelle, l'imitation primitive lui dut aussi son origine. Si cela est prouvé, soit sous le rapport historique, soit sous le rapport théorique des qualités, qui constituent l'existence métaphorique de l'idéal, il fut donc nécessaire que ce style s'identifiât avec les pratiques de l'art, dans tous les temps, et avec tous les sujets que l'art fut

obligé de traiter, et qu'il devînt enfin un langage
intelligible à tous.

XV.

*** *** ***

C'est faute d'envisager l'art de l'imitation des
corps en Grèce, dans ses primitifs essais, dans la
suite de ses progrès, et dans le plus haut point
de son développement, que plus d'un critique,
se bornant à voir ce que la théorie de l'idéal
comporte de notions, avec la seule lunette des
pratiques scolastiques modernes, refusent d'en
reconnoître le principe, ou d'en avouer les conséquences, et cherchent à expliquer, par les procédés rétrécis d'une doctrine locale, ce qui fut
autrefois le produit du grand enseignement des
causes naturelles.

Lorsque l'on cherche en grand, quelle est théoriquement et pratiquement parlant, la nature de
l'idéal dans l'imitation de l'art, cette recherche
doit avoir lieu, indépendamment des pratiques
locales, dans les écoles modernes, et des routines

de l'enseignement particulier d'un maître à son élève. Sur un sujet qui a, on ne peut pas moins, exercé la plume des écrivains et des littérateurs, il ne faut point non plus s'étonner, que l'expression propre à définir certains procédés de l'intelligence, manque de termes précis et exclusifs, et qu'avant tout, on soit obligé de définir le sens que l'on donne aux mots. Il est en effet peu de matières, où la signification propre d'une notion nécessairement abstraite, soit plus facilement susceptible d'équivoque et de controverse.

Ainsi lorsqu'en opposition à la notion que nous cherchons à développer, le critique précédemment cité avance, que *les Grecs procédèrent par la recherche de la vérité d'imitation, et qu'ils la regardèrent constamment, comme le premier mérite d'une statue :.... qu'enfin dans l'ordre des idées, comme dans celui des temps, les Grecs recherchèrent, avant tout, la vérité d'imitation;* il n'y a ici qu'une chose à demander, c'est ce que le critique entend par *vérité,* comme on lui a demandé plus haut, ce qu'il avoit entendu par *choix de formes.*

Effectivement, il peut y avoir plus d'un degré

de vérité relative, dans l'imitation. Pour n'en citer qu'un exemple, pris dans les procédés habituels de l'art, on sait que presque pour tous ses ouvrages, l'artiste, soit peintre, soit sculpteur, procède par ce qu'on appelle des *croquis*, ou des esquisses, qui ne sont que l'image la plus sommaire, de celle qu'il porte toute formée dans son imagination, avant d'en produire le développement. Hé bien, il peut y avoir plus ou moins de vérité dans cette image incomplète.

Or, ce qui a lieu dans la création d'un ouvrage d'art, ne peut pas ne point avoir eu lieu dans la procréation elle-même de l'art, telle que, soit la nature des choses, soit l'histoire, soit les faits qui sont encore sous nos yeux, nous le démontrent dans les recueils de l'antiquité.

Sans doute, dans ces ébauches des premiers siècles de l'art, il y avoit, comme dans les esquisses de l'artiste dont nous avons parlé, une *vérité* : c'est celle que la nature nous montre partout aussi, dans tous les genres de créatures. Il n'y en a point, qui n'ait sa vérité ou son complément relatif, et proportionné au degré de formation ou de fini qui lui appartient.

Si donc, comme on l'avance, les Grecs recherchèrent avant tout, la *vérité d'imitation dans
l'ordre des temps*, il est certain que cette vérité
des premiers temps, n'étoit et ne pouvoit être,
qu'une vérité en germe, laquelle ne pouvoit embrasser, que ce qu'il y a de moins particularisé
ou détaillé dans la formation des créatures. C'est
ce que nous démontre, avec la plus grande évidence, cette multitude d'ouvrages de la primitive
imitation en Grèce, dans lesquels on ne trouve
qu'une simple répétition des formes, lesquelles
loin d'offrir *la vérité d'imitation*, en offrent tout
au plus l'ébauche.

Les Grecs, très-certainement, débutèrent dans
l'imitation de l'homme, par le moins possible de
cette vérité imitative, qui repose sur l'expression
particulière des détails : de simples lignes droites,
dans l'expression du corps et des masses gros-
sières, des formes sans indications de ce qu'elles
recouvrent, des attitudes sans mouvement, des
dimensions sans proportion. Or, tels voyons-nous
être les monumens du premier âge. Ainsi se succédèrent, pendant le cours de plusieurs siècles,
les pas de l'imitation. Ce n'est que par le laps du

temps, et par degrés, qu'on voit cette sorte d'idéal grossier et matériel, faire place à une suite de perfectionnemens successifs, dont le plus haut devoit être le développement de l'*idéal intellectuel.* Nous parlons de celui, sous l'empire duquel, toutes les variétés d'âge, de sexe, de condition, de configuration, devoient offrir à la mythologie, et à tous les emplois de la poésie, les formes corporelles le plus en rapport avec l'esprit de leurs créations imaginaires.

On peut donc regarder, comme entièrement opposé au fait réel, (entendu comme il doit l'être) et comme démenti par l'ensemble et la succession des ouvrages de tous les temps, en Grèce, ce qu'on répète souvent, savoir que les artistes Grecs s'élevèrent de l'imitation individuelle (ou du simple) à l'imitation idéale (ou au composé.) La méprise, sur ce point, consiste en cela ; qu'on attribue la qualité de *simple,* à l'imitation de ce qui dérive, au contraire, du principe théoriquement le moins simple, celui que présente la multiplicité et l'infinie diversité de la génération des corps ; et que l'on appelle *composé* le style de l'imitation, réduite, au contraire, par un système savant, à l'unité des voies et des moyens de la nature, vue dans l'ensemble de ses conceptions.

Ainsi en pénétrant au fond de la question, sans s'arrêter aux apparences d'une critique superficielle, c'est au style *idéal* (parce qu'il procède d'un système de généralisation) que doivent convenir l'idée et l'application du principe d'unité et de simplicité; comme l'idée de diversité, de détail, et de multiplicité, doit être affectée au style de l'imitation particularisée, ou individuelle.

A vouloir donner, de ceci, une sorte de démonstration, qui résulte de la confrontation des deux extrêmes, en fait d'imitation corporelle, et qui rende fort intelligible la thèse actuelle; que l'on mette, par exemple, en parallèle, les deux contraires les plus frappans, c'est-à-dire une ces images de la figure humaine, résultat de la délinéation primitive des plus anciennes écoles, et en regard, une figure peinte par Deuner de Nuremberg, où la loupe fait voir jusqu'aux pores et aux poils de la peau. Que l'on demande à tout spectateur, où est l'élément du simple, et où se trouve jusqu'à l'abus des détails, en fait d'imitation? Personne, je pense, ne s'y méprendra.

Pour continuer de faire voir, qu'au jugement seul de l'instinct, le simple (ou l'unité) appartient au style de l'imitation *idéale,* ou généralisée d'après les lois de la nature ; et que le compliqué (ou le multiple) est le caractère de l'imitation détaillée d'après l'individu ; je veux rendre le résultat de cette thèse encore plus sensible, par la démonstration si connue, de la manière usuelle, dont procède l'artiste, dans l'exécution d'une figure, d'après un original donné, soit en peinture, soit en sculpture.

En analysant la manière de procéder dont je viens de parler, et en suivant cette opération dans tous ses degrés, que voit-on ? On voit que l'artiste trace d'abord des lignes, ou dispose des plans, selon la direction la plus générale des grandes parties de cette figure, considérée par lui dans son ensemble, avant de l'être dans ses détails. Ainsi, par exemple, le trait d'un bras ou d'une jambe ne présentera, dans ce premier tracé, que des lignes presque droites et parallèles. S'il veut, selon cette méthode, indiquer la tête, il commencera par tracer un œuf. Voilà, mathématiquement parlant, le style d'imitation le plus *idéal,* en tant qu'il donne de l'objet, l'idée la plus abstraite, la plus généralisée, la plus éloignée des détails.

Tel voyons-nous que fut le style de l'hiéro-glyphe Égyptien, et de toute la sculpture restée en Egypte dans l'état d'enfance ; tel fut aussi le style de l'état d'enfance de l'art en Grèce. Voilà le *maximum* du simple, physiquement parlant.

Revenant sur ce trait ainsi généralisé, ou si l'on veut, matériellement idéal, sur ces plans grossièrement indicatifs de l'ensemble et des parties de la figure, l'artiste y marquera les divisions les plus principales, les formes approximatives de chaque membre ; il arrondira un peu les contours, il désignera les articulations, les attachemens des principaux muscles, il arrêtera les grands rapports.

Hé bien, voilà le style de la seconde manière de l'art en Grèce ; style dont déposent quelques ouvrages venus jusqu'à nous, dont la tête si connue de la Minerve, sur l'ancien coin de la monnoie d'Athènes, nous démontre le goût. C'est le style, qui dut régner à peu près depuis Homère, jusqu'au temps de Pisistrate, et qui porte l'empreinte de ce qu'il faut appeler le second degré de l'imitation abstraite, et dans lequel n'entra que pour fort peu, l'influence de la prétendue *vérité imitative* de la nature, vue dans un modèle. Il est visible que cette sorte de vérité d'individu, fut étrangère au style dans lequel travaillèrent Dipœnus, Scyllis, Dédale de Sicyone, et autres, dont le goût a été fidèlement décrit par Pausanias.

Insensiblement, de ces grandes formes arrêtées et fixées, avec une précision qui tient non encore à la fidélité des détails, mais seulement à celle de l'ensemble, l'artiste dut procéder à découvrir graduellement, et à fixer les parties et les formes subordonnées, que révèle l'étude anatomique. De là il va jusqu'à la représentation de ceux des détails essentiels, qui donnent à l'ouvrage l'apparence de la vie, sans rapetisser son effet, tant qu'ils restent subordonnés aux formes générales. Ce juste accord des parties de l'imitation corporelle, paroît avoir été précisément, dans son rapport avec la marche progressive de l'art en Grèce, le point qui fut le milieu entre les deux extrêmes, savoir l'idéal géométrique, ou matériel, de la manière hiéroglyphique, et le prétendu vrai imitatif, qu'on appelle d'individu ou style de portrait.

Enfin, le troisième degré de l'imitation en Grèce, aura été celui du siècle de Périclès; disons mieux, celui de Phidias, c'est-à-dire, le style de l'*idéal* poétiquement et artistement entendu.

Allant, dans sa manière de procéder moralement, ou pratiquement, à son ouvrage, du simple au composé, ou de l'unité au multiple, l'artiste dut arriver progressivement à de plus minutieux détails, subordonnés les uns aux autres, c'est-à-dire, jusqu'aux formes qui ne sont que des accidens fortuits ou individuels, comme les plis ou les passages si variables de la peau, les mollesses et l'embonpoint de la chair, l'expression des moindres plis du corps, des veines, des variétés les plus fugitives, et dont il est visible, que l'effet multiplié doit rapetisser le caractère de l'imitation, et diminuer, par trop de petits effets, l'impression de son ouvrage sur les sens et sur l'esprit.

Nous ferons voir bientôt que, à quelques degrés près, (surtout par comparaison avec le goût des modernes) ce fut vers cette variété de détails, caractère de l'imitation individuelle, que se trouva dirigé, plus ou moins, le goût des artistes qui succédèrent à Phidias, et qui constituèrent en Grèce le *quatrième style de l'art*.

Pour abréger l'énumération de tous les degrés de l'imitation, que le sentiment et le goût, dans une minutieuse analyse, pourroit parcourir, disons enfin que l'artiste, s'il s'agissoit de pousser l'excès, en ce genre, à ses derniers termes, pourroit arriver jusqu'à d'imperceptibles minuties de détails, faits pour exercer l'œil de celui qui a recours au verre, qui fait voir de l'invisible. Ce style, dont nous ne venons d'exagérer le vice, que pour le faire bien comprendre, est celui qu'on distingue par *style de modèle*, ou *imitation de la pauvreté de nature*.

Les peintres, on l'a déjà vu, peuvent porter très-loin, l'abus de cette mécanique imitation. Mais on comprend, que ce qu'on appelle *le grand*, dans l'imitation, style qui demande peu de détails, de larges divisions, et surtout de la simplicité, est nécessairement exclu d'un genre de procédé, dans lequel les parties principales se trouvent absorbées par les subdivisions. Nécessairement donc, le *style idéal* ou *généralisé*, sous quelque point de vue qu'on l'envisage, ne sauroit se produire avec toutes les petitesses qui constituent, plus ou moins, le style de l'imitation (dite du *modèle*), et que nous avons appelé ici, style *individuel* ou *particularisé*.

Or, si cela est évident, il l'est par conséquent, que le simple, en ce genre, loin de résider dans ce que l'on appelle vulgairement (et sans explication) vérité d'imitation, et qui *est l'imitation individuelle*, réside au contraire dans ce qu'il faut appeler l'*imitation idéale*, et que c'est le principe ou l'élément de celle-ci, qui pour l'esprit dans la théorie, comme pour les yeux dans la pratique, est réellement *le plus simple*.

XVI.

* * * * * *

Selon le système de la doctrine que je combats, (*voyez* précédemment, pag. 24 et suiv.) on prétend que *dans l'ordre des idées*, comme *dans l'ordre des temps*, les Grecs recherchèrent, avant tout, *la vérité d'imitation.*

Nous avons vu que, selon le sens et l'esprit de cette doctrine, *verité d'imitation* opposée à *imitation idéale,* signifie celle qui résulte de la nature considérée, non dans la généralité de ses lois, et par un système de parallèle entre les créatures, mais dans une imitation plus ou moins tendante à n'être que celle de l'individu. Or, la proposition que j'ai en vue de combattre ici, contient deux parties, puisqu'elle avance deux faits.

L'un est que cette vérité imitative (celle de l'imitation individuelle,) fut chez les Grecs, *la première dans l'ordre des idées.*

L'autre, qu'elle fut encore la *première dans l'ordre des temps.*

Examinons d'abord la proposition relative à la *priorité selon l'ordre des idées.*

J'entends ici, par l'ordre des idées, ce qu'on est, ce me semble, forcé d'entendre par là; c'est-à-dire, d'une part, la marche naturelle de l'esprit humain, dans la route de l'imitation; d'autre part, la nature des causes qui, dès l'origine, durent influer sur la direction de l'art, et inspirèrent l'artiste, dans les premiers essais de l'imitation.

Il y auroit lieu sans doute, ici, à une assez longue discussion, si l'on vouloit traiter cette matière, dans ses élémens métaphysiques. Il ne s'agiroit, en effet, de rien moins que de remonter au principe de la formation de nos idées, de scruter ensuite les procédés élémentaires de la vision. Il résulteroit indubitablement de cette double recherche, ce que chacun, par le seul instinct, a pu expérimenter, savoir, que ce que nous appelons notre vue intellectuelle, et notre vue corporelle, sont, l'une comme l'autre, forcées de saisir en premier, chacune dans sa sphère, les points de vue les plus positifs, les rapports en chaque matière les plus voisins et les plus simples. Ce sont ces points de vue, et ces rapports, qui généralement et nécessairement, fixent les premiers aperçus de l'instinct primitif, et marquent les premiers pas d'une intelligence encore peu développée.

Mais il se glisse toujours quelque confusion, dans l'analyse de ces idées, surtout lorsque l'on fait à des ouvrages d'art, par exemple, l'application des qualités de *simplicité*, de *vérité* imitative, et autres semblables. Ainsi, sur le point de cette *vérité*, et sur la manière d'en définir les nuances et les degrés, que de distinctions à faire! Si l'on entend, comme le passage qu'on discute le donneroit certainement à comprendre, c'est-à-dire, si on parle de cette *vérité*, laquelle consiste dans l'imitation la plus rapprochée d'une réelle individualité, ou de portrait fidèle, et si l'on prétend qu'elle ait été la première *dans l'ordre des idées*, chez *les plus anciens artistes Grecs;* c'est ce que doit, avant tout, démentir la connoissance de l'esprit humain, et de la manière dont il procède en tout. En effet, cette manière de procéder est toute instinctive chez l'homme, dont la vue n'arrive que par degrés, des masses générales, aux grandes parties, de ces grandes parties, aux moindres, et de celles-ci aux plus petites, et en quelque sorte aux invisibles.

On pourroit même donner pour exemple de la marche contraire, à celle qu'indique la théorie que nous réfutons, le fidèle historique des faits en ce genre chez les Grecs.

Ce peuple est certainement le seul, de tous

ceux qui nous sont connus, où l'imitation du corps humain ait pris naissance, et où l'on puisse la voir se développer spontanément, par une progression lente et naturelle, sans aucune influence étrangère, propre soit à accélérer, soit à déranger son cours et sa direction.

Si cela est, on doit reconnoître que les faits, toujours plus décisifs que tous les raisonnemens, (et j'entends par les faits, les autorités irrécusables de l'histoire de l'art que l'on vient d'alléguer, et celles que j'invoquerai bientôt) sont d'accord pour démontrer deux choses ; 1° que dans l'*ordre des idées*, ce que l'écrit dont il s'agit, appelle *vérité imitative*, c'est-à-dire, (dans le sens de l'auteur) l'*imitation individuelle* opposée à l'*imitation idéale*, n'eut point et ne put pas avoir la priorité chez les Grecs ; 2° qu'elle fut un résultat successif et tardif de leur manière de voir.

Si *par ordre des idées* on vouloit entendre, l'ordre des sujets qui durent exercer l'esprit et la pratique des premiers artistes, le résultat seroit encore plus certainement le même. Il est par trop édivent, qu'en Grèce, l'art de l'imitation fut d'abord appliqué aux objets, qui avoient le moins besoin de vérité imitative, puisqu'on ne peut les considérer, que comme des signes syncopés d'idées abstraites. Ces sortes de signes n'ayant été à l'égard des choses, mais surtout des êtres animés, rien de plus (à peu de différence près) que les lettres de leurs noms, il ne put y avoir lieu, pour l'art, à la recherche d'aucune vérité imitative.

Lorsqu'ensuite les idées de ces êtres, furent devenues images de personnages allégoriques, ce fut une obligation pour l'artiste, d'y employer des formes, à la vérité moins brutes, ou moins arbitraires, qui ne laissèrent pas de perpétuer aux yeux, et pour l'esprit, la tradition et le souvenir du type grossier, dont ces simulacres étoient issus. Il ne s'agit maintenant que de suivre, à l'aide des nombreux monumens qui nous en sont restés, les progrès toujours fort lents de ce degré d'imitation, pour se convaincre, que l'espèce de vérité imitative (celle du modèle ou individu) ne put jamais dans l'*ordre des idées*, en Grèce, être celle des préludes de l'imitation corporelle.

Voyons maintenant si la seconde thèse de l'écrit que nous réfutons, aura plus de réalité, dans l'ordre que l'auteur a appelé l'*ordre des temps*.

Il me semble d'abord, que ce qui est vrai ou faux, dans le cercle *des idées* propres de la matière en discussion, devroit l'être également, et même à plus forte raison, *dans l'ordre des ten s,* puisque la progression des idées suit généralement le cours des temps, surtout dans les pays où aucune révolution ne vient déranger la marche naturelle de l'esprit humain.

On n'a indiqué jusqu'ici, que par grands traits, et d'après les documens généraux de quelques auteurs, sur l'instinct des premiers siècles en Grèce, quelle fut la marche chronologique de l'imitation corporelle, dans les temps qu'on peut appeler *anti-historiques.* Or l'espace de ces temps semble devoir se terminer, à l'époque de l'entier développement de l'art sous Phidias, époque de laquelle datent aussi, pour nous, les renseignemens positifs et détaillés.

Pline, ou n'a pas voulu, ou n'a point pu nous tracer historiquement, la route suivie par les artistes plus ou moins dignes de ce nom, qui pendant un ou deux siècles, précédèrent cette époque. Il arriva je pense, jadis, ce qu'on a vu arriver dans les temps modernes. L'enfance ou la jeunesse des arts, n'eut probablement point d'observateurs. C'est qu'effectivement ces arts ne fixent guère l'attention, surtout dans le passé, que lorsqu'ils se présentent à l'historien, comme arrivés à leur entière croissance. Mais alors il se trouve trop loin du point de leur début, pour pouvoir espérer de retrouver avec exactitude leurs premières traces.

Toutefois celles de l'art primitif des Grecs, sont restées empreintes dans une multitude de monumens et de témoignages historiques, qui pour être d'un grand nombre de siècles postérieurs aux ouvrages de l'enfance de ce peuple, n'en attestent que mieux l'existence et la manière d'être de ceux-ci. Plus d'un antiquaire s'est occupé à recueillir ces documens dans Pausanias, et chez quelques autres écrivains. Lorsque l'on confronte ces notions, avec les restes innombrables des préludes de l'art, que l'on découvre journellement, dans toutes les contrées où pénétrèrent la langue, la religion, les croyances et les pratiques des

Grecs, que découvre-t-on, soit sur les monnoies, et les débris de monumens, soit dans les plus anciens sépulcres, sur les dessins d'un certain nombre de vases peints, sur les fragmens de l'ancienne plastique, etc. etc. ? Ce qu'on y découvre, c'est qu'à quelques degrés près, l'art de tous ces objets se rapproche plus du style, sans imitation, de l'antique Egypte, que d'une manière propre à faire supposer la moindre tendance vers ce style de vérité de détail, puisé dans l'étude individuelle d'un modèle.

Telle est enfin l'authenticité, et tel est le nombre des témoignages, et des preuves qu'on a acquises sur ce point, qu'on peut affirmativement prononcer, qu'avant l'époque approximative de l'école d'Egine et de celle de Phidias, aucun ouvrage de sculpture ne présenta l'indice d'une vérité imitative, du genre de celle que suppose le système que l'on combat, et que, très-évidemment, ce goût ne fut pas le premier dans l'ordre des temps.

Mais depuis Phidias, nous connoissons nonseulement avec la certitude historique, mais encore par les lumières de la théorie, ou la marche générale de l'imitation, et les pas de cette marche, et les degrés qu'elle a parcourus. Les écrivains en effet nous ont transmis sur les maîtres principaux de cette époque, et sur ceux qui les ont suivis, une série d'observations critiques, relatives à leur goût, à leur manière, et à leur style. Or ces observations réunies aux notions correspondantes de beaucoup d'ouvrages antiques encore existans, et où s'est perpétuée la trace des ouvrages antérieurs, jette le plus grand jour sur l'objet de cette discussion.

XVII.

* * * * * *

Laissant donc là maintenant, ce que l'on pourroit toujours contester, sur les ouvrages antérieurs à Phidias, nous avons en faveur de ce que nous soutenons, un témoignage irrécusable, dans les ouvrages mêmes de ce grand artiste, ou de sa propre école, et que nous font connoître les précieux restes des frontons du Parthénon d'Athènes, que l'on voit au Musée Britannique à Londres.

Or Phidias fut jugé par toute l'antiquité, pour avoir été, de tous les artistes, celui qui avoit porté au plus haut degré, le caractère de ce stylo, que l'on appelle *idéal*, surtout dans ses Minerves, et dans son Jupiter Olympien, *quem nemo æmulatur*, a dit Pline. Le témoignage de Quintilien est aussi décisif sur ce point. Selon lui, Phidias passoit pour avoir eu le secret particulier, de rendre et d'exprimer la majesté des dieux. *Diis quam hominibus efficiendis melior artifex traditur.* (QUINTIL. lib. XII, cap. 10.) Or, comme le style idéal est nécessairement celui qui convenoit aux représentations divines, être déclaré le premier dans l'art de faire les dieux, n'est-ce pas être déclaré le plus habile dans le style de l'idéal?

Phidias mourut dans la quatre-vingt-cinquième olympiade. Selon Pline, il fleurissoit dans la quatre-vingt-troisième : époque, qui, prise et entendue avec la latitude qu'on doit accorder, non à la date d'un fait, mais à l'existence d'un homme, se trouve correspondre à l'an 450 avant notre ère.

Depuis cette époque, jusqu'à celle de la mort d'Alexandre, arrivée 324 ans avant Jésus-Christ, on trouve un intervalle de plus d'un siècle ; et ce

siècle le plus brillant des arts de la Grèce, est occupé par une série de générations d'artistes, qu'on
peut classer entre elles, d'une manière, sans aucun doute, plus régulière, que n'en comportent
les distances que Pline leur assigne. Selon lui,
ces générations d'artistes, se trouvent placées depuis celle de Phidias, à la quatre-vingt-septième,
à la quatre-vingt-dixième, à la cent-septième,
et à la cent-quatorzième olympiade : on sait que
ces fixations d'époques, ont quelque chose d'arbitraire, qu'on n'a pas encore bien éclairci. Rien
toutefois n'est plus indifférent à notre objet. L'essentiel ici, est de savoir que ces époques d'artistes
se sont succédées, que dès lors, leurs ouvrages
doivent être jugés, comme postérieurs les uns
aux autres.

Or il résulte de la réalité de cette succession
d'artistes, que dans l'espace d'un siècle, depuis
Phidias, et les élèves de son école, on vit paroître
successivement Polyclète, Myron, Pythagore de
Léontium, Praxitèles, et Lysippe le statuaire
d'Alexandre. On ne cite ici que les chefs d'école,
ou ceux dont les ouvrages, et particulièrement
le style, ou le goût d'imitation, ont été décrits

ou définis par Pline, et par d'autres auteurs.

Hé bien, nous allons voir que, depuis Phidias, le style d'imitation, et ce qu'on appelle la manière des artistes, loin de se porter vers l'idéal, où le système de généralisation, dans l'imitation du corps humain, marcha progressivement vers le style imitatif des détails, et de cette vérité que nous avons appelée *individuelle* ou *particularisée*.

Ainsi Quintilien dit de Polyclète, qui suivit de plus près Phidias, que le caractère de son imitation fut *diligentia et decor*. Quelques-uns lui décernoient la palme; mais quoiqu'il eût donné à ses figures, une beauté supérieure à la simple vérité : *Humanæ formæ decorem addiderit supra verum*, cependant il n'atteignit pas à l'*idéal* de la divinité : *non explevisse deorum auctoritatem*.

Après lui vient Myron, dont Quintilien a dit: *Molliora adhuc fecit Myron*. Cette mollesse de formes nous indique déjà une tendance à s'éloigner de la sévérité du grand style. Mais la progression de son goût, vers une sorte de vérité de détails individuels, est bien exprimée par Pline. *Primus hìc multiplicasse varietatem videtur*, dit cet écrivain. (lib. xxiv) L'analyse précédente

doit aider à saisir le véritable sens de ces mots.
Myron avoit introduit dans le dessin des formes
du corps, au lieu du caractère grandiose et par
conséquent simple des parties principales, ces
détails de vérité individuelle, qui produisent effectivement l'effet de la variété, et de la multiplicité; mais aux dépens de cette impression générale, qu'ils affoiblissent, par la quantité même
des divisions. Toutefois il traita les cheveux et le
poil, par masses à peine dégrossies, selon la méthode des temps antérieurs. *Capillum et pubem
non emendatius fecisse, quàm rudis antiquitas.*
Voilà encore un témoignage, qui dépose du goût
de l'école antérieure à Phidias. Myron avoit conservé les erremens de cette manière, qui contras-
toit sur ce point, avec le reste de son style plus
varié, plus *nombreux,* par conséquent moins simple : *numerosior in arte.*

Après Myron, eut la vogue Pythagore de Léontium. C'est, en effet, ce que souvent et uniquement signifie, chez Pline, le *vicit eum.* Mais cela
peut se traduire encore, en disant, que Myron
fut surpassé par Pythagore. Et quel fut le principal caractère du talent de celui-ci? Il intro-

duisit, dans l'imitation du corps humain, une étude plus détaillée des accidens de la peau, des veines, des nerfs, des cheveux. *Primus hìc nervos et venas expressit capillumque diligentius.* — Par le mot *primus*, surtout suivi du comparatif *diligentius*, il faut entendre, non que Pythagore auroit été le premier, qui eût exprimé de ces détails; mais seulement le premier qui l'ait fait, avec plus de recherche et en plus grand nombre. Les sculptures du Parthénon nous font voir plus d'un exemple, sur plus d'un nu, de veines et de nerfs, *nervos* et *venas*. Le sens de la phrase de Pline ne doit pas tendre à faire croire, que Pythagore auroit été le premier à connoître et à rendre ces détails anatomiques. Sans doute les grands maîtres ses prédécesseurs, avoient possédé la science de la structure du corps humain, dans son ensemble et ses détails. Ajoutons que c'est même souvent quand on en montre moins, qu'on doit être jugé en savoir le plus. Ceci veut donc dire simplement, que le style de Pythagore étoit un style plus détaillé, plus minutieux, tendant de plus en plus, à l'imitation de l'individu, et des petitesses *d'un modèle*. Ajoutons , comme dernier trait, qu'il avoit traité les cheveux, avec un soin de vérité plus minutieuse ; *capillumque diligentius.*

Myron eut pour successeurs Praxitèles et Lysippe, que Quintilien associe, comme ayant le mieux approché tous deux de la *vérité* imitative ; *ad veritatem Lysippum et Praxitelem accessisse optimè affirmant.* — Nous allons voir ce que Pline entend par le mot *veritatem.*

Cet écrivain ne nous a point transmis de jugement particulier, sur le caractère du style et des œuvres de Praxitèles ; mais celui qu'il porte du goût de Lysippe, son contemporain, tend précisément à nous le faire apprécier, comme paroissant s'éloigner toujours davantage, de la grandeur abstraite de l'idéal, en se rapprochant du style des détails, ou de l'imitation particularisée. Voici ses paroles : *Propriæ hujus videntur esse argutiæ operum, et custoditæ in minimis quoque rebus.* Ce qui le caractérisa donc, ce fut le goût pour les finesses et l'observation des petits détails. Ainsi nous paroît s'expliquer fidèlement, mais avec un peu plus de développement, le précédent jugement de Quintilien. Ainsi *ad ve-*

ritatem accessisse, signifiera *toucher au point qui est celui de la vérité individuelle;* et *l'optimé* désigne le degré, au-delà duquel commenceroit l'excès et l'abus que Lysippe et Praxitèles surent éviter? C'est ce que va nous indiquer encore plus clairement, le jugement qui suit:

Il y eut en effet aussi, chez les Grecs, des artistes qui (n'importe en quelle proportion avec d'autres temps, et d'autres pays) furent taxés d'avoir péché, par un excès dans l'expression du vrai. Tel fut Démétrius, que Quintilien accuse d'avoir été *nimius in veritate, et similitudinis quàm pulchritudinis amantior.* Sur quoi je pense qu'il faut remarquer deux choses: l'une que ce Démétrius, qui avoit fait du vrai (*in veritate*) le but principal de son imitation, loin d'avoir précédé Phidias, fut un de ses successeurs: l'autre que le mot *nimius,* employé par le critique, nous prouve que la théorie de l'art, chez les anciens, mettoit au nombre des excès, et par conséquent des *défauts,* cette fidélité minutieuse, qui, comme nous l'avons vu chez plus d'un moderne, vise à calquer, si l'on peut dire, un modèle. Enfin ce passage nous fait bien clairement connoître, que la saine critique, chez les Grecs, plaçoit l'imitation de la beauté idéale, au-dessus d'une fidélité excessive des détails imitatifs.

Ainsi les anciens critiques ne pensoient pas, (comme l'avance l'ouvrage que je réfute) savoir que la *recherche de la vérité d'imitation* (entendue exclusivement) *fu le premier mérite d'une statue, chez les anciens*, puisque Démétrius fut blâmé par Quintilien, pour avoir été *similitudinis quàm pulchritudinis amantior.* Or ces mots, pour se faire bien entendre dans un sens, à la portée de tout le monde, doivent signifier, plus jaloux de la vérité individuelle qui constitue le genre du portrait, que de la vérité généralisée, ou *idéale.*

Je veux maintenant prouver, par une dernière citation, et par un exemple qui sera le corrollaire de cette discussion, que les mots *pulchritudo* et *similitudo* doivent ici, et dans le langage habituel des anciens, sur les ouvrages de l'art, signifier *beauté idéale de l'imitation,* et *vérité d'imitation individuelle* (ou de portrait), et prouver en outre, que ce fut celle-ci qui parut la dernière dans *l'ordre des temps.*

Rien ne me paroît plus propre à confirmer l'exactitude de ma théorie, et à certifier la justesse de ses rapprochemens entre les faits de l'histoire, et l'histoire des faits qui ont été produits, que le passage de Pline, qui regarde Lysistrate, frère de Lysippe. (*Lib. 35, cap. 14.*)

Ce Lysistrate fut le premier qui imagina de porter l'exécution *dans l'art des portraits,* à un plus haut degré de fidélité et de ressemblance ; ce qu'il obtint, en prenant sur les personnes elles-mêmes, l'empreinte de leur visage avec du plâtre. *Hominis autem imaginem gypso è facie ipsa primus omnium expressit.* Il couloit dans ces empreintes, une cire, qu'il retouchoit après, *ceráque in eam formam gypsi emendare instituit.* Il mit ainsi en vogue le style de la vérité imitative, dans le portrait : *Hic et similitudinem reddere instituit.* Voilà ce que veulent dire ces mots (dans un sens relatif, et non absolu, comme Falconet se l'est imaginé, en traduisant, *qu'il fut le premier qui ait fait des portraits.*) Il est reconnu, au contraire, par une multitude de faits, qu'avant Lysistrate, on avoit fait beaucoup de portraits. Mais avant lui, aussi, (c'est Pline qui nous l'apprend) on s'attachoit généralement à cette sorte de ressemblance, qui supprimant les petitesses accidentelles, et les détails minutieux, rentroit dans le système de l'*idéal*, ou de la vérité généralisée. Or c'est ce que nous confirme un assez grand nombre de portraits parvenus jusqu'à nous. *Ante eum,* dit Pline, *quàm pulcherrimas facere studebant.*

Il nous paroît donc démontré, que puisqu'il s'agit ici de *portraits* (*imagines*), les mots *pulchritudo* et *similitudo* (le sens de ce dernier étant fixe) doivent exprimer, quant au premier, le genre de beauté qui résulte de la manière *idéale,* et quant au second, le style d'imitation individuelle, que nous avons déjà appelé *style de portrait*.

Ainsi il est remarquable, qu'avant l'époque de Lysistrate, époque correspondante à celle d'Alexandre, même les portraits étoient exécutés dans le système, ou le style de l'*idéal* (*quàm pulcherrimas.*) Or on a vu que ce style constituant la manière de saisir uniquement dans les objets, dans les corps, et par conséquent dans les physionomies, ce qui en forme les traits généraux ou principaux, tend réellement à faire paroître les personnes plus belles qu'elles ne le sont. Or c'est vers l'époque, où nous voyons le style de l'art déjà plus rapproché de la vérité des détails imitatifs, que s'est introduit, dans la manière des portraits, le style de la ressemblance plus détaillée et plus individuelle.

Si donc il est historiquement prouvé, que depuis Périclès jusqu'à Alexandre, le style de l'art a toujours marché, dans une progression sensible et continue, de l'*idéal*, ou de l'*imitation généralisée*, au genre des détails ou de l'*imitation particularisée;* il doit résulter de là, que *ni dans l'ordre des idées, ni dans l'ordre des temps, les Grecs* (selon l'opinion que j'ai combattue) *n'ont recherché la vérité de l'imitation* (entendue dans le sens moderne) *avant la beauté des formes.* Et l'on a vu que le seul exemple de Lysistrate, suffiroit pour donner à cette assertion un démenti formel.

Il y auroit, comme je l'ai déjà fait entendre, une démonstration pour ainsi dire péremptoire à donner, de la théorie qu'on s'est contenté de présenter ici en abrégé, si l'on vouloit parcourir, sur le vu des monumens, dans tous les siècles, et dans chaque période, les diverses vicissitudes de l'imitation, depuis sa première enfance, en Grèce, jusqu'à son déclin, et son extinction finale à Rome.

Nous avons en effet, pour autorités irrécusables, et points de renseignement certains, les notions les plus positives, que l'histoire nous fournit, sur l'origine de l'art, origine contemporaine de celle même de la Grèce. Nous avons les plus nombreuses descriptions (et par les plus anciens écrivains) des monumens et des ouvrages primitifs de l'art. Or les descriptions constatent avec la plus grande évidence, que ces ouvrages ont tenu plus ou moins, à la manière des premiers signes hiéroglyphiques. A l'égard du style, qui, dans la période suivante, témoigne des progrès de l'art, nous en possédons des démonstrations irrécusables, dans cette multitude toujours croissante de délinéations, ou de figures au trait, tracées, tant sur les vases de la plus antique peinture, (improprement appelés pour la plupart étrusques) que sur un grand nombre de gravures en pierres fines ou monnoies, et de bas-reliefs sculptés selon le second style de l'art.

Nous avons, pour apprécier les variétés successives de l'imitation parvenue à son plus grand développement, les sculptures de Phidias, ou de son école au Parthénon d'Athènes ; nous avons aussi des copies d'ouvrages de Scopas et de Praxitèles.

Il nous reste en grand nombre des sculptures faites à Rome, aux temps des empereurs, lesquelles, jusqu'au portrait si bien connu de Caracalla, nous présentent des points chronologiques de l'art, tout-à-fait incontestables.

De sorte qu'en remontant, si l'on veut, de ce dernier ouvrage de l'imitation particularisée, jusqu'au contour *matériellement* idéal du signe primitif, nous embrassons un enchaînement non interrompu de faits, d'autorités et d'exemples.

Cette tendance du goût imitatif, qui est celui du grand, et qui se manifesta dans toutes les parties de l'exécution, nous est encore certifiée, comme on l'a vu, par les jugemens qu'en ont portés les plus célèbres écrivains. Joignons-y celui que nous avons omis d'ajouter, celui d'Horace, sur ce sculpteur de son temps, qui savoit si précieusement rendre les minuties des ongles et des cheveux, (*et ungues exprimet, et molles imitabitur ære capillos,* (Art. Poet. v. 32) et qui sacrifioit, à ce vain talent d'imitation particularisée, dans ses plus petits détails, le mérite nécessairement principal, de ce qui produit le grand et l'ensemble : *nesciet quia ponere totum.*

XVIII.

* * * * * *

Voici donc ce qui me paroît devoir résulter des notions recueillies et développées par cette théorie historique de l'idéal, dans l'art de la sculpture chez les anciens, ainsi que du rapprochement entre la pratique imitative des premiers siècles, et le style perfectionné des âges suivans : c'est que, à partir du point, si l'on peut dire mathématique, de l'idéal (matériellement entendu) ou du signe primitif et grossier, l'art de l'imitation corporelle a toujours marché, dans l'antiquité, et comme par une attraction progressive, du style privé de tous détails, qui constitue l'imitation qu'on doit appeler *informe,* pour arriver par développemens lents et graduels, au véritable style d'imitation généralisée ou idéale. Que de cette hauteur il devoit

plus ou moins descendre, par l'effet que le laps
des temps fait éprouver à tous les travaux de la
main, comme de l'esprit de l'homme.

Et toutefois il est remarquable, qu'à aucune des
périodes d'un si grand nombre de siècles, jamais
le goût antique n'est descendu jusqu'aux petitesses
de style, dont plus d'une des époques, et plus
d'une des écoles modernes nous ont offert les
exemples.

Nous croyons ainsi, avoir suffisamment prouvé
l'universalité du goût et du système de l'idéal
dans l'antiquité, en faisant voir quelle fut la profondeur des racines qu'il jeta en Grèce, avant d'y
avoir été développé par le génie de l'imitation.

Nous croyons avoir montré comment, par le
genre des premiers essais, par la nature des êtres,
des personnages et des sujets qu'ils eurent à traiter,
l'art fut tenu de s'exercer constamment, sur des
conceptions analogues au principe idéal; comment
il devint nécessaire aux artistes de s'identifier avec
ces principes, pour produire des images, non pas
individuelles d'un homme, mais abstraites et généralisées de la nature humaine; comment enfin,
il fut en quelque sorte impossible à l'art, surtout

de la sculpture, de descendre au goût d'imitation vulgaire et rapetissée de la nature, vue isolément dans l'individu, telle que des temps modernes l'ont pratiquée.

Lors même que des sujets moins poétiques, moins abstraits, ou moins relevés, se présentèrent au ciseau du statuaire, l'habitude d'un style noble, épuré, dicta, quoiqu'à des mesures et dans des qualités inférieures, le même genre de noblesse, aux figures d'une catégorie différente. Ainsi, loin que les représentations divines aient pu descendre au style de l'imitation individuelle, il fut naturel, que l'imitation des simples mortels participât plus ou moins de l'idéal affecté aux simulacres divins. C'est qu'il est de la nature d'un principe élevé, d'exhausser ce qui est petit, comme il appartient à toute méthode rapetissée de dégrader et d'abaisser pour les yeux, ce qu'il y a de plus grand.

Comment, en effet, les artistes auroient-ils pu détruire eux-mêmes, par une méthode d'imitation triviale et vulgaire, l'opinion que tout le monde concevoit d'un art qui savoit élever en quelque sorte ses ouvrages, quant à l'extérieur, au-dessus de ceux du Créateur, et rendre l'homme de l'imitation, supérieur à celui de la nature ?

Véritables ministres d'une religion, dont ils renforçoient ou perpétuoient la croyance, interprètes des qualités et des attributs de la divinité, dont leurs simulacres devenoient en quelque sorte les définitions sensibles et visibles, comment auroient-ils pu faire descendre, dans l'esprit et aux yeux du peuple, les êtres qu'il adoroit, du rang suprême où les devoit placer le système idéal, faire mentir leurs images à leur origine et à leur destination, et dépouiller, si l'on peut dire, les dieux, de l'espèce de privilége d'une substance surhumaine ?

La religion des Grecs fut le principe, le moteur, et le propagateur du style d'imitation idéale, et il paroît que la durée de ce style, considéré dans toute sa hauteur, dépendit de l'influence ou de la durée de cette religion.

DEUXIÈME DISSERTATION

§ I.

* * * * * *

Si dans la critique théorique et pratique de chacun des arts d'imitation, on prétend, avec assez de raison, que la mesure de ce qui leur est permis, est celle de ce qu'il leur est possible de faire ; il paroîtroit que, sur ce point, la question de droit se confond avec la question de fait. On peut donc avancer, qu'en saine théorie, ce que chaque art peut faire, avec ses propres moyens, il a le droit et la liberté de le faire.

Ainsi, pour priver les arts du dessin, du droit et de la liberté de changer le caractère extérieur des sujets qu'ils traitent, comme le font les arts de la poésie, il seroit nécessaire de prouver, qu'ils n'ont pas les moyens propres à produire cet effet. C'est ce que personne encore n'a soutenu par écrit, quoique très-souvent, dans beaucoup de jugemens superficiels, on professe une doctrine équivalente.

Si donc on démontre que les arts du dessin ont les moyens de produire, sans excéder leurs limites, tous les changemens qui peuvent revêtir un sujet positif des apparences poétiques, il n'y aura aucune raison pour leur imposer la nécessité de cette traduction servile des choses, des actions et des personnes, à laquelle certains critiques essayent de les condamner.

Et d'abord, ce seroit à eux de nous faire voir avant tout, sur quoi reposeroit cette nécessité, et de prouver qu'elle auroit son principe même dans la nature. En vain dira-t-on que ce principe est la vérité, et que la vérité imitative consiste à représenter *les choses comme elles sont, les actions comme elles ont eu lieu, et les personnes telles qu'on les voit.* Ce qu'on donneroit là, comme un principe, loin d'en être un, est précisément le point de la question, ou une pétition de principe, s'il est vrai que les choses, les actions et les personnes, pouvant être considérées sous le double point de vue de deux manières d'être opposées, sont par conséquent susceptibles d'être imitées très-diversement.

Or le principe de cette diversité nous voyons

qu'il réside d'abord dans les objets mêmes, en tant qu'ils sont doués de propriétés composées, dont, par conséquent, nous sommes diversement affectés, et ensuite dans les différences d'organisation de ceux qui reçoivent l'impression de ces objets.

Et d'abord, pour procéder ici par ce qui est connu et avoué de tout le monde, dans l'espèce d'imitation qui dépend des arts ou des modes du discours, personne ne conteste que la mesure de leurs différens genres d'inventions ou de descriptions, soit simples ou prosaïques, soit poétiques ou figurées, a pour principe la variété même des rapports sous lesquels le même objet, le même fait peuvent être envisagés par l'écrivain, et saisis par telle ou telle classe d'hommes plus ou moins bornés.

Il est en effet des hommes pour qui toute action, soit qu'on la leur raconte, soit qu'elle se passe sous leurs yeux, se réduit à ce qu'elle a de matériel. Tels sont les hommes bornés, ou qui manquent du sens moral. Ils voient tout du même œil, et racontent du même ton le fait le plus étonnant et celui qui l'est le moins.

Il est des hommes qui ne savent saisir et voir, dans les objets, que ce qu'il y a de moindre. Ce sont ce qu'on appelle les petits esprits. Habitués à n'évaluer chaque chose que par les accessoires, à n'en regarder que les plus petits côtés, ils ne peuvent saisir quelques détails, qu'aux dépens de l'essentiel.

Il y a des hommes, au contraire, dont la vue éter due tout à la fois et pénétrante, sait non-seulement embrasser le plus grand nombre des points de vue dans les sujets et les objets, mais surtout saisir les plus importans, tels que ceux qui constituent le génie et le caractère des personnes, les raisons et les causes des événemens, les principes des choses et leurs résultats. Ce sont les esprits supérieurs.

Comme il est des hommes qui voient à peine dans les choses ce qui s'y trouve, il en est aussi qui croient y voir ce qui n'y est pas, et ce qui ne sauroit y être. Ce sont les esprits qu'on appelle faux ou hyperboliques.

Dans chacune de ces catégories on trouveroit des degrés très-nombreux. Peut-être même sont-ils innombrables, si, comme on le prétend, les manières de voir sont aussi multipliées que les physionomies des hommes. Mais il ne s'agit ici que de quelques différences principales, ou de celles qui tiennent à des divisions élémentaires.

La théorie les a classées, en distinguant, dans les deux genres de composition littéraire, (ou du style appelé *prosaïque*, et du style qu'on nomme *poétique*) les deux 'principales manières de traiter tous les sujets que comprend l'art d'écrire, selon qu'ils tiennent à l'ordre des choses réelles et positives, ou qu'ils s'élèvent jusqu'à la sphère d'une existence imaginative ou abstraite.

Sans donc vouloir entrer ici dans l'analyse de toutes les nuances de style, ou de manière d'écrire, je me contenterai de faire observer que les deux genres principaux dont j'ai parlé, comportent chacun deux subdivisions. Ainsi, dans la manière de considérer et de traiter les sujets selon le style prosaïque, on distingue le genre de composer et d'écrire, qu'on appellera *familier* ou *commun*, qui est, par exemple, celui des chroniques, des mémoires, de lettres, etc. et le genre simple, soigné, mais naturel, qui, le plus souvent, convient à l'histoire. De même aussi deux degrès très-distincts appartiennent au style poétique, et à la manière dont le poète envisage les sujets et les objets. L'un est le genre noble et élevé, n'importe à quel degré, dont sait user l'éloquence; l'autre est ce style figuré ou imitatif, en rapport avec les conceptions d'un monde plus ou moins idéal, dont les différentes sortes de poésie, et tous les genres de poèmes nous donnent les divers modèles.

Tout ceci n'offre certainement au lecteur, rien de nouveau. Il n'y verra que les élémens les plus vulgaires de ce qui pourroit constituer la définition d'un traité, soit de rhétorique soit de poétique. Je ne les ai retracés ici, qu'en vue de leur analogie avec les élémens des arts du dessin, pour en déduire, à l'égard de ces arts, deux conséquences dont les applications seront très-décisives dans le cours de cette discussion.

La première de ces conséquences est, que les principes d'où émanent les différens degrès de l'imitation applicable à l'art d'écrire, selon la manière dont l'écrivain considère tous ses sujets, prouvent déjà que la manière de les considérer, au lieu d'être unique et exclusive, est sujette au contraire à beaucoup de variétés. D'où il résulte que la proposition suivante, savoir : que *la vérité consiste à représenter les choses et les personnes comme elles sont et telles qu'on les voit* (1); au lieu d'être absolue, n'est que relative; savoir : que *la vérité consiste à les représenter comme elles sont, du point de vue d'où on les regarde. et comme on les voit dans le rapport où l'on s'est placé à leur égard.*

La seconde conséquence, qui correspond à la première, est que l'une et l'autre manière d'imiter, se trouvant en rapport nécessaire avec une façon différente de voir les objets, chaque manière a son genre de vérité qui lui correspond. D'où il résulte, que reconnoître pour seule et unique vérité, celle qui repose sur l'expression servile et positive des objets, c'est avouer, en d'autres termes, qu'on ne sait voir dans les arts que ce qu'ils ont de matériel, c'est contester à leurs effets toute propriété morale ou intellectuelle.

Or, que l'imitation, par l'art d'écrire, comporte des espèces de vérité fort diverses, c'est ce qui n'a

____

(1) Voyez en tête de cette dissertation ce qui a donné lieu à la composer.

besoin d'aucune preuve. Il suffit de le faire observer. Si toutefois je m'arrête, comme je vais le
faire, à cette observation, ce n'est, comme je l'ai
déjà dit, qu'en vue des applications qu'on doit en
faire aux arts du dessin.

Ainsi, pour ne citer d'abord dans l'art d'écrire
que le genre de la narration, ou la manière de
raconter les événemens, tout le monde sait qu'il
y a un mode de vérité qui consiste à tout dire, à
rendre compte des plus légers détails, à n'omettre
aucune circonstance. Mais l'on sait aussi que
l'écrivain peut adopter une autre espèce de vérité,
laquelle dédaigne de se traîner sur les détails.
On sait qu'alors, au lieu de faire passer en revue,
dans son récit, une succession de petits points de
vue qui s'effacent successivement, il procède, par
une récomposition générale de l'ensemble des
faits, et nous les montre ramenés à leur plus
grande valeur, comme par le moyen d'un verre,
qui concentre en un point capital leur effet sur
notre vue.

Les compositions les plus idéales et les plus
poétiques de l'art d'écrire, diffèrent ainsi des autres, non, comme le croient quelques critiques

superficiels, par le manque de vérité, mais par l'espèce particulière de leur vérité. Celles en effet qui sembleroient dénaturer le plus la fidélité des faits et l'image des personnes, (par exemple, dans les compositions épiques ou dramatiques) ne font cependant qu'échanger une sorte de vérité contre une autre. Les fictions poétiques même, c'est-à-dire les créations de faits ou de situations imaginaires, dont elles se composent, ne sont pas pour cela des contre-vérités. Si le poète, par exemple, s'est proposé, dans l'espace abrégé d'un petit nombre de scènes, d'assembler sous nos yeux les principaux mouvemens d'une action ; si par d'heureux contrastes, qu'il aura imaginés, il a su faire ressortir dans sa peinture les causes véritables, et les passions qui produisirent de grands événemens, loin qu'on puisse l'accuser d'avoir trahi la vérité, dans le tableau des catastrophes qu'il a voulu représenter, on lui saura gré de l'avoir fait briller d'un éclat plus vif ; et, quoique différent dans les détails d'avec l'historien, l'auteur de *Britannicus* passera pour être véridique à l'égal de Tacite.

C'est que la vérité qui appartient à cette manière d'envisager et de peindre les événemens, est une vérité abstraite, qui consiste, non dans l'expression positive des choses et des faits, mais dans la manifestation libre et morale de leurs principes, ou des causes qui ont produit ces divers effets. Aussi cette sorte de vérité imitative, en place de détails, ou de circonstances particulières, se compose-t-elle d'élémens généraux, tels que l'esprit d'un siècle, les mœurs d'un peuple, les caractères des hommes, les vices et les passions des princes, les opinions dominantes, etc. Or, rien de plus inutile à cette sorte de vérité, dans la représentation des personnes et des actions historiques, que la fidélité des détails effectifs. C'est que, très-réellement, rien ne contribue moins à son effet, et qu'au contraire, rien ne contribueroit plus à le détruire.

Pour atteindre à la vérité de ce genre, il faut non-seulement supprimer le plus grand nombre des détails réels, mais encore refaire ceux dont on use, et les modifier au gré du genre d'imitation abstraite qu'on adopte. Afin que cette vérité puisse s'élever, avec son sujet, dans la région du monde moral et idéal, il faut sacrifier celle qui se traîne sur les traces historiques du monde matériel. Disons-le même : Oui, il peut arriver, dans ce sens, que tel poëme, avec ses fictions, donne mieux la ressemblance de certains personnages, et une idée plus vraie de certains événemens, que telle chronique avec toutes ses pièces justificatives ; et sous ce rapport, la *Jérusalem délivrée* pourroit contenir une plus grande somme de vérités, que l'histoire de la première croisade.

Il n'y a ni littérateur ni critique littéraire, qui, soit en pratique, soit en théorie, n'exerce ou ne reconnoisse le pouvoir ou le droit de changer par l'imitation idéale dont on parle, le caractère positif et la manière d'être réelle de tous les sujets, en échangeant un genre de vérité pour un autre. Personne aussi ne peut contester que, et ce droit et ce pouvoir, trouvent ou leur raison et leur droit, ou leur privilége, dans la différence élémentaire des manières, dont tous les sujets de l'imitation peuvent et doivent être considérés, selon leur but, et en raison des moyens qu'ils ont de nous affecter ou de nous plaire.

J'en aurois trop dit sur ce point, s'il ne s'agissoit, dans cette théorie, que de s'adresser aux hommes qui cultivent la littérature, ou les arts qui dépendent uniquement de l'esprit. Le propre de ces arts, étant de s'adresser particulièrement et directement aux facultés morales, leur privilége est aussi d'avoir beaucoup plus de juges, et de plus intelligens en cette sorte de critique. Chacun en comprend aisément la raison : c'est que l'organe qui reçoit les sensations de ces arts est aussi celui qui les analyse. Dès lors la critique du goût s'exerce bien plus facilement, dans des matières particulièrement en rapport avec le sens intérieur, que dans celles qui, tributaires du sens extérieur, n'arrivent à l'esprit que par l'intermédiaire des yeux, et exigent, pour être jugées, des connoissances qui ne sont ni toutes, ni en entier, du ressort exclusif de l'esprit.

De là cette grande abondance de théories sur toutes les parties de la littérature; et de là, le manque presque absolu de doctrine et de critique, dans ce qui regarde les arts du dessin.

§ II.

* * * * * *

Ce seroit, pour le général des spectateurs et des juges, un léger inconvénient, que ce manque de théorie dans les arts du dessin, si les leçons de l'expérience y suppléoient. Malheureusement le plus grand nombre des hommes en reçoit fort peu. Or, ce peu d'instruction est la principale cause des préventions, par suite desquelles, l'on juge et l'on évalue non-seulement les ouvrages, mais encore les propriétés morales de ces arts.

De ce qu'il entre dans les conditions nécessaires de leur imitation, d'employer les images sensibles et matérielles des corps, on se persuade que la nature de cette imitation doit être toute matérielle, et que les sujets traités par elle, ne peuvent l'être, et par suite, n'être envisagés, que sous un seul point de vue, celui de la réalité positive. De là l'obligation qu'on prétend quelquefois leur imposer, d'une fidélité servile, dans la

représentation des choses, des actions et des personnes.

Cette prétention toutefois n'est pas plus fondée,
à l'égard des arts du dessin, qu'à l'égard de ceux
qui dépendent de l'art d'écrire.

De ce que les objets imités par la peinture et la
sculpture, sont des corps, s'ensuit-il qu'il doive
y avoir quelque chose de plus mécaniquement
imitable, que dans les autres régions de l'imitation? Pour que cela fût, il faudroit prouver, que
les formes des corps sont assujéties à des données
rigoureusement fixes, et appréciables au compas.
Or, c'est précisément tout le contraire. Il n'y a de
semblables et de tels, parmi les corps, que ceux
qui sont soumis aux configurations géométriques.
La chose se démontre en deux mots.

Si l'on demande à mille personnes, de donner
l'image d'un corps brut, telle que celle d'une
pierre taillée, d'un morceau de bois équarri, les
mille personnes en donneront des copies uniformes; et cela parce que dans cette sorte d'imitation, aucun des copistes n'aura eu à employer
ni son jugement, ni sa manière de voir, mais
seulement des mesures linéaires, ou de calcul,

avec lesquelles il ne peut y avoir qu'une seule manière de juger et de voir.

Si maintenant, on demande à mille personnes l'image d'un corps, qui ne puisse pas être défini géométriquement, d'un arbre, par exemple, on aura de ce corps, mille copies plus ou moins diverses entre elles.

Enfin, que l'objet d'imitation, outre la vie, ait le mouvement, le sentiment et la pensée; comme ces propriétés tendent à l'éloigner toujours plus, de la manière d'être géométrique, et à multiplier ses rapports; on peut affirmer, que les dissemblances entre les imitations, seront de plus en plus sensibles et nombreuses. On peut affirmer aussi, (et une expérience approximative l'a démontré) que si l'on supposoit tous les hommes peintres, et qu'on leur fît imiter le même être vivant, organisé et pensant, il y auroit autant de variétés dans ces imitations, qu'entre les imitateurs.

Que si des sujets simples, ou de la représentation d'un individu, on passe aux sujets composés, c'est-à-dire à la représentation des actions, (ce mot entendu historiquement) c'est là qu'on se

persuade encore mieux, combien peu, dans l'i_
mitation des arts du dessin, l'artiste peut être
assujéti à un seul mode, ou à un système unique
de représentation. La moindre analyse démontre
l'impossibilité d'un principe exclusif en ce genre.
Comment en effet, pourroit-on y atteindre ce qui,
de sa nature, est fugitif et instantané; je parle
de la réalité d'une action. Pour peu qu'elle soit
compliquée et multiple, ses élémens échappent à
toute observation. Les récits ou les descriptions
qu'en font, même les témoins oculaires, ne sont
et ne peuvent être autre chose, que le résultat
accidentel des impressions que les effets extérieurs de l'action leur ont fait éprouver. Rien ne
pouvant être moins déterminé, que la représentation figurative de toute action multiple, rien
n'est aussi plus indéterminable, que le point de
vue, dans lequel l'artiste et le spectateur en con-
çoivent, et s'en retracent l'image. (Je parle ici
des actions dont on a été témoin.) Qu'on juge
des différences qui doivent avoir lieu, dans les
manières de représenter les actions anciennes ou
éloignées, dont l'existence formelle est hors de
la portée de la vue matérielle, et dont l'expres-

sion dépend uniquement de la faculté imaginative de l'artiste.

Je ne suis remonté à ces notions, peut-être trop élémentaires, que pour détruire jusque dans ses moindres préjugés, l'opinion, que les objets d'imitation corporelle, peuvent être assujétis à une représentation plus fidèle que les autres, et que la manière, soit de les voir, soit de les reproduire par l'imitation, peut être soumise au principe d'une exactitude positive.

Lors donc que l'on pose comme principe d'une application universelle, la maxime *de représenter les actions comme elles se sont passées,* loin que cette maxime soit, en fait d'art, un principe fondé sur la nature des choses, elle n'est elle-même, qu'une *pétition de principe,* ou si l'on veut une simple façon de parler, qui exprimera une des manières de voir les actions, ou les sujets de l'imitation, c'est-à-dire, sous un des deux principaux rapports, que l'expérience et la théorie nous démontrent, comme devant appartenir aux arts du dessin, et de la même manière, que nous avons reconnu qu'ils appartiennent à l'imitation dépendante de l'art d'écrire.

Les sujets propres de l'imitation corporelle, pour se composer d'objets sensibles et matériels, n'en sont pas moins doués de la faculté d'exprimer les affections d'un ordre moral, et de parler au spectateur le langage des plus diverses passions. C'est de cette faculté propre à revêtir son ouvrage des formes les plus éloquentes, que l'artiste tire la puissance qu'il sait, par l'entremise des yeux, exercer sur l'ame et l'intelligence du spectateur.

Il est vrai qu'en ce genre, comme à l'égard de l'art d'écrire, bien des hommes sont constitués de manière, à ne recevoir des objets corporels, que des sensations matérielles. Sans doute il en est aussi parmi les artistes, qui ne soupçonnant, dans leurs ouvrages, d'autres effets, que ceux d'un travail plus ou moins mécanique, ne savent prétendre qu'au plaisir des yeux.

Mais il en est d'autres, pour qui, ce que l'imitation des corps a de matériel, est un puissant moyen de développer de grandes idées, de propager et de faire naître des impressions morales. Il en est, qui saisissant, dans les rapports des qualités qu'ils impriment à la matière, ce qu'elles peuvent produire d'heureuses sympathies avec le spectateur, élèvent son esprit à la contemplation des idées d'ordre, d'harmonie, de grandeur, qui rivalisent avec celles du spectacle de la nature.

Puisqu'il est constant que, dans les arts du dessin aussi, les qualités diverses des objets imitables, et les facultés variées des imitateurs, doivent produire et des manières de voir fort différentes, et différens modes d'imitation; et puisque cela est aussi, en ce genre, fondé sur la nature des choses; la nature nous enseigne donc, que les objets, loin de pouvoir être soumis à un système, ou à une méthode unique d'imitation, sont, au contraire, susceptibles de pouvoir être imités, avec une grande diversité de systèmes. Je dis *systèmes*, et non *manières;* car il ne s'agit point ici des variétés de faire, ou de méthode, particulières à chaque artiste.

En effet, dans la théorie, l'analyse discerne ce qu'on appelle les différens styles de chaque maître, et les distingue des principaux modes de l'art. Ceux-ci, elle les classe en quatre divisions élémentaires, auxquelles se rapportent et les styles divers des artistes, et les sujets qu'ils traitent, selon qu'ils participent à l'une ou à l'autre propriété de l'imitation plus ou moins positive, ou de l'imitation plus ou moins idéale.

Au genre de l'imitation positive, appartiennent les deux modes ou styles de l'art, qu'on peut désigner l'un, par les mots *trivial* ou *vulgaire*, l'autre sous les termes de *simple* ou *moyen*.

Au genre de l'imitation morale, appartiennent les deux modes ou styles de l'art, dont l'un s'appelle *noble* ou *élevé*, l'autre *idéal* ou *poétique*.

Chacun de ces modes ou styles, ayant ses types et ses modèles, dans les variétés de la nature, on conçoit sans peine, comment à chacun d'eux doit correspondre aussi un mode, ou un degré de vérité qui lui soit spécialement affecté. Ce simple aperçu suffiroit déjà, pour faire comprendre, quelle est la source de l'erreur ou de la méprise que je combats. C'est en effet par défaut d'analyse en cette matière, que les uns raisonnent, comme si les arts du dessin ne comportoient qu'un seul et unique mode d'imitation, et que les autres, quoiqu'ils en reconnoissent, par le fait plusieurs, veulent par système, qu'on applique indistinctement à tous les sujets, le genre qui ne peut convenir qu'à quelques-uns.

Pour donner, autrement que par le raisonnement, mais par voie de théorie, une preuve démonstrative de ce qu'on vient d'exposer, il nous
suffira d'un exemple à la portée de tout le monde.

Cet exemple, je le trouve, et il n'y a personne
qui n'en puisse reconnoître l'application, dans
les quatre manières dont un sujet, des plus fami-
liers à la peinture moderne, donne la démonstration. Je veux parler des peintures de Madones,
ou de Saintes Familles.

L'on sait assez, de quelle manière ce sujet se
trouve traité, en peinture, par l'école Flamande,
où l'artiste, concentré dans le cercle borné de
l'imitation vulgaire, ne nous présente d'autre
image, que celle d'une nourrice villageoise de
son pays, qui, au milieu de son ménage rustique,
et des détails vulgaires de sa cabane, allaite son
nourrisson, ou prend soin de son enfance.

Raphaël va nous montrer les trois autres degrés, que comporte l'imitation du sujet de la
Sainte Famille. Nous en trouverons les exemples,
sans sortir de la collection des peintures du Musée
de Paris.

Pour les présenter soit à la vue, soit à la mémoire du lecteur, je place au second degré que comporte l'imitation, la Vierge appelée *la Jardinière*, dont le costume à peu près villageois, quoique rehaussé par la pureté de son exécution, ou la grâce naïve des deux enfans, ne sauroit toutefois porter l'imagination ou l'esprit du spectateur, aux idées et aux sentimens que le sujet peut et doit inspirer. Ici le sujet est traité non plus dans la mesure du genre *trivial* ou *vulgaire*, mais dans celle du mode *simple* ou *moyen*.

Raphaël, dans une autre représentation du même sujet, s'est élevé à un degré qu'il est permis d'appeler noble ou relevé. Je veux parler de celui, où la sainte Vierge (appelée la *Vierge au Berceau*) contemple avec un soin religieux, et protége le sommeil du divin Enfant. Tout ici dans l'action, dans le caractère de la figure, et le respect religieux empreint sur son visage, sort de l'expression simplement naturelle d'une maternité ordinaire. Le caractère même du dessin est d'accord avec celui du sujet.

On se doute bien, que je vais donner pour exemple, type ou modele du degré *ideal* et poétique du même sujet, la grande Sainte Famille du

même *Muséum,* dans chacune des parties de laquelle, Raphaël a cumulé, tant pour le fond, que
pour les accessoires, toutes les qualités, toutes les
conditions qui pouvoient élever son sujet à la
hauteur; de ce que nous avons appelé le genre
idéal et *poétique.* Indépendamment de la grandeur dans la composition, le caractère du dessin, la forme et l'expression, il doit suffire d'y
faire remarquer la présence de ces deux anges,
dont un placé au centre, et dans le haut de la
composition, verse à pleines mains des fleurs sur
le divin Enfant, qu'accompagnent, de la part de
tous les personnages, diverses démonstrations de
respect et d'adoration.

§ III.

* * * * * *

La chose ainsi entendue, d'après les exemples
cités, ne sauroit, en thèse générale, éprouver de
contradictions. Cependant, chez un assez grand
nombre d'hommes, il existe on ne sait quel sen-

timent qui répugne à ce que l'on fasse rigoureusement, aux sujets modernes et nationaux, l'application de cette théorie. Obligé qu'on est d'avouer les principes, on se réserve d'en contester les conséquences, à l'égard de la représentation des actions récentes, et des personnages contemporains.

Avant donc de passer à l'explication des procédés, et à l'analyse des moyens par lesquels l'art ou l'artiste parviennent à imprimer, n'importe à quelle catégorie de sujets, le caractère idéal et poétique, achevons de faire voir qu'aucune exception fondée en raison, ne peut soustraire aux applications de cette théorie, aucune espèce de sujets.

On ne s'explique pas effectivement, sur quoi peuvent se fonder ceux qui condamnent la représentation des sujets modernes, au seul mode de l'imitation servile et positive ; comme s'il n'y avoit rien, dans les principes ou les conséquences de ces sujets, qui pût fournir à l'historien par figures (ou à l'artiste) de quoi donner matière à quelque point de vue, en rapport avec le sentiment ou l'imagination. Ce qui rend les représentations des choses, des actions et des personnes, autrement dit les sujets, susceptibles d'être vus ou traités, selon un mode ou selon l'autre, ne tient, dans le fait, ni aux temps ni aux lieux où ces sujets se trouvent renfermés, mais tient uniquement aux propriétés de leur nature ou de leur caractère. Un personnage, pour être vivant, une action parce qu'elle s'est passée sous nos yeux, n'en présentent pas moins à l'artiste, plus d'un aspect et des points de vue divers. N'éprouve-t-on pas tous les jours que l'image d'un homme vivant se présente avec des caractères de vérité très-différens à nos yeux, selon, ou le talent de l'artiste, ou le système imitatif dont il aura fait choix, soit dans le genre commun ou naturel, soit dans le style noble ou idéal ?

On objecte, qu'en général, les sujets les plus anciens étant ceux que tout le monde regarde comme les plus favorables aux inventions du style idéal et poétique, par la raison inverse, les sujets les plus modernes doivent se trouver plus d'accord avec les conceptions positives du goût contemporain. On en conviendra, pourvu que l'on convienne aussi, que ce fait ne sauroit repousser le principe. Il explique seulement le plus ou le moins de facilité ou de faveur qu'on trouve à présenter, ou à faire agréer les sujets dans un genre ou dans l'autre, selon qu'ils sont plus ou moins anciens ou nouveaux.

En effet, ce qui est cause que les sujets les plus anciens paroissent les plus propres au style idéal et poétique, c'est que l'antiquité ou le laps des années, ayant pour toute espèce de sujets, la vertu d'y produire l'effet de la distance et de l'éloignement, en fait disparoître les petits détails, et précisément toutes les circonstances, dont l'expression constitue surtout l'imitation servile et positive. Or le sujet moderne, au contraire, par cela qu'il est près de nous, se laisse naturellement et plus facilement voir, reconnoître ou apprécier dans ses accessoires et ses particularités, c'est-à-dire sous les rapports contraires à l'imitation idéale.

Mais que conclure de là?

Rien autre chose sinon que tout sujet acquiert, à mesure qu'il devient ancien, plus de propriété à être traité poétiquement, parce que le tems y a supprimé tout ce qui tient aux détails positifs; tandis que le sujet moderne se présentant avec ces détails, est plus facilement susceptible d'être représenté selon l'un ou selon l'autre mode. Cela peut encore signifier, qu'il est plus facile de voir et de traiter le sujet moderne sous le rapport du positif, et de traiter le sujet antique selon la manière idéale. Mais il est sensible que cette double considération ne touche point au fond de la question.

L'exemple de l'antique et de l'usage des Grecs ou des Romains dans leur manière de se représenter, eux, et les sujets de leur propre histoire, est tout aussi peu concluant en faveur de la pratique d'imitation positive qu'on sollicite pour les sujets modernes. Sans prétendre alléguer ici la raison de convenance et de goût, qui seroit toute en faveur des modes, des costumes et des mœurs antiques, nous dirons encore, que cette prétendue fidélité de l'art des anciens, à répéter les modes de leur tems dans les œuvres de l'imitation, est beaucoup plus démentie, qu'on ne le pense, par les innombrables autorités des restes de leurs monumens, où l'on peut se convaincre qu'ils n'employèrent jamais que le style du genre idéal. On peut affirmer qu'ils l'appliquèrent constamment à toutes les parties de leurs imitations, que toutes leurs compositions sont dans le style de l'abstraction; que ce style, dans leur dessin, resta toujours fidèle aux conventions d'un goût contraire à l'emploi des détails minutieux. Nous ferons voir même, par la suite, que c'est précisément d'eux que nous tenons les exemples de toutes les libertés, dont ils usèrent dans les représentations mêmes des portraits; ouvrages que souvent, dans les seuls intérêts de l'art, ils se plurent, en exécution, à dégager de toutes les sujétions sociales.

Vainement invoqueroit-on les intérêts de ce qu'on appelleroit la vérité, dans les sujets modernes, pour les soustraire à la liberté que réclame l'artiste, de les traiter selon l'un ou l'autre des deux systèmes d'imitation, que nous soutenons être appliquables à tous les objets. Il résulte en effet des notions qui précèdent, et il résultera plus clairement encore des développemens qui vont avoir lieu, que la vérité ne sauroit être compromise en ce genre, qu'autant qu'en employant un des genres d'imitation que nous avons spécifié, on y introduiroit indiscrètement les moyens ou les effets de l'autre. Si, comme on l'a vu, chaque manière de voir, en ce genre, se fonde sur la nature, et si chacune a une vérité qui lui est propre, les changemens même que l'artiste fait subir aux sujets et aux objets qu'il traite, sous le point de vue de l'idéal, loin de blesser la *vérité,* comme le manque de critique sur ce point pourroit le faire croire, n'ont lieu, au contraire, que par une fidélité plus scrupuleuse dans l'observation de ses lois.

Jusqu'ici j'ai cherché à démontrer, par le développement d'une critique qui résulte de l'ordre naturel des idées et des faits, que l'on doit distinguer, dans la sphère de l'imitation, deux modes imitatifs communs soit à l'art d'écrire, soit à celui du dessin. J'ai fait voir que les mêmes différences élémentaires et les mêmes divisions avoient lieu dans les arts du dessin, et résultoient des mêmes principes ; qu'ainsi on devoit en tirer la conséquence d'une égalité de pouvoir et de droit pour l'artiste, de traiter, selon un système, ou selon l'autre, quelque sujet que ce puisse être.

Il faut maintenant faire voir de quelle manière les arts du dessin usent de ce pouvoir, et exercent ce droit, c'est-à-dire quels sont les procédés métaphoriques dont use l'artiste pour produire l'imitation idéale, et ensuite quels sont les moyens pratiques dont il dispose, pour la réaliser et la rendre sensible dans l'exécution.

§ IV.

* * * * * *

Une des prétentions qui choque le plus les adversaires du genre idéal dans la représentation des sujets modernes, c'est l'application pratique des principes qui viennent d'être exposés, à la conformation réelle et à la manière d'être extérieure, ou ce qu'on appelle d'un mot plus général, le costume des personnages. On y admet sans peine, en théorie, l'existence d'un mode poétique, parce qu'on ne veut pas frustrer les sujets modernes du privilége d'être traités poétiquement; mais on se récrie, sitôt qu'on voit les moyens employés, altérer et modifier les ressemblances des personnes, dans ces détails précisément, que le sens extérieur saisit avec prédilection, je veux dire dans les formes et les accessoires de l'habillement.

Je sais ce que sembleroit avoir de futile, sous

certains rapports, cet attachement qu'on porte à
la fidélité imitative de la mise et du vêtement
particulier des personnes; cependant, la chose
considérée à part de toute prévention, est plus
importante à examiner que ne le pensent quelques
critiques. C'est de cela, en effet, que dépend en
partie le caractère apparent des sujets, puisque,
dans des arts qui parlent aux yeux, la démonstration du caractère moral d'un sujet, dépend de
son caractère extérieur et visible.

De là donc, comme nous le verrous, la nécessité d'approprier au mode d'imitation poétique ou
idéale, la manière d'être des personnages. De là,
par conséquent, le besoin qu'éprouve l'artiste, de
changer et de modifier les formes extérieures des
choses, des actions et des personnes.

Or, ce sont les procédés, par lesquels s'opèrent
ces changemens, dans la conception des sujets, que
je me propose d'expliquer ici.

L'artiste en effet procède presque toujours,
dans ses conceptions, par l'impulsion d'un sentiment dont il n'a point décomposé les ressorts;
et le public les évalue ordinairement, par l'effet
d'un instinct ou d'un goût sur lequel la critique

littéraire ne s'est jamais exercée. Il ne seroit point étonnant dès lors, que tout, en ce genre, allât plus ou moins au hazard, c'est-à-dire que l'un agissant sans savoir précisément ce qu'il fait, (ou autrement, quelle est l'opération de son esprit) et que l'autre appréciant sans aucune critique de ses principes, l'ouvrage qu'il voit, il regnât entre l'artiste et son juge un malentendu extraordinaire. Si ces matières exerçoient plus souvent les méditations de ceux qui savent pénétrer dans le secret des opérations de l'esprit humain, elles acquerroient bientôt cette même espèce de clarté, que de nombreuses recherches critiques ont portée dans les travaux de la littérature. Essayons toutefois d'y jeter quelque lumière.

Nous avons dit, qu'une des propriétés caractéristiques du style ou du mode d'imitation positive, étoit de faire voir les objets et les sujets, spécialement sous le rapport de leurs moindres détails, de leur identité, et de tout ce qui tend à les particulariser ; et nous avons fait observer que, porté à son plus haut point de servitude, ce style étoit ce qu'on appelle *style trivial ;* et cela, parce qu'il consiste à reproduire, dans l'œuvre de son

imitation, tout ce qui se présente à la vue d'im-
perfections et de manières d'être les plus ignobles.
Cette notion, dans l'art du dessin, s'est trouvée
être parfaitement conforme avec celle de la méthode, qui désig e le style vulgaire dans l'art
d'écrire, lequel aussi consiste à tout exprimer, à
raconter tout sans réserve aucune, sans choix de
circonstances ou d'aspects divers. Il est assez sensible, et il es. démontré par le fait, que cette méthode, dans un art comme dans l'autre, est celle
qui s'adresse le plus nécessairement au sens physique, et le moins possible à l'organe intérieur ou
à l'esprit; ce qui indique encore l'inclination
qu'ont pour elle, les hommes grossiers ou peu
cultivés.

On a dit, et on ne répétera pas ici, que l'autre
méthode (ou celle de l'imitation idéale) a des
propriétés toutes contraires. Elle doit donc procéder par des routes opposées. Comme sa fin est
diverse, ses moyens doivent différer aussi. Si l'une
tend particulièrement à présenter les objets par
leurs détails, l'autre vise à les faire voir par leur
ensemble. Si l'une s'arrête à ce qui constitue l'aspect matériel des choses, l'autre vise surtout à

s'élever au niveau de leurs rapports intellectuels ;
et lorsque la première reste bornée à la démonstration de ce qu'il y a d'extérieur ou de physique
en chaque sujet ; la seconde, ou celle dont nous
allons examiner les procédés, prétend, avant tout,
au développement de leurs qualités morales.

Pour arriver à cette fin, le génie de l'imitation
emploie deux sortes de pratiques, qui sont (théoriquement parlant) les principaux ressorts du genre
idéal. De ces pratiques, l'une a la propriété de *généraliser*, et l'autre a le pouvoir de *métaphoriser* tous
les sujets. Comme c'est dans ces deux opérations
que consiste particulièrement la méthode poétique
des arts du dessin, on ne sauroit se faire une idée
trop précise de la nature, de la valeur, et des effets
de ce double procédé.

Si de pareilles notions étoient développées avec
clarté, elles deviendroient pour l'artiste, un guide
sûr dans la conception et la composition de ses
sujets. Elles donneroient à la critique un flambeau
propre à éclairer ses discussions ; elles prévien-
droient de part et d'autre les écarts et les con-
fusions, en indiquant avec fidélité, ce que comporte de diversité chaque système dans la région

de l'imitation ; elles fixeroient à chaque genre de talent ses attributions ; elles détermineroient les relations de chaque sujet avec le mode qui lui convient, et celles de chacun de ces modes, avec celles des facultés de nos sens et de notre esprit qui lui correspondent.

§ V.

✳ ✳ ✳ ✳ ✳ ✳

Le premier procédé du mode idéal, et peut-être le plus important à connoître et à bien concevoir, est celui par lequel l'artiste *généralise* les sujets qu'il traite, ou les représentations des choses, des actions et des personnes. L'idée de l'opération morale qu'exprime ce mot, se fait assez facilement saisir par la contre-partie de l'opération opposée, qu'exprime le mot *particulariser*.

Tout le monde sait que, dans l'art d'écrire, tout ce qui tend à trop particulariser ou détailler les sujets, tend nécessairement à en rapetisser l'idée, à en amoindrir l'effet. Tout le monde sait ou sent également, que l'art de faire concevoir le plus et le mieux l'idée de chaque genre de choses, loin de consister dans un inventaire minutieux de tous leurs rapports partiels, consiste au contraire dans un résumé collectif de leurs principaux rapports. C'est pourquoi le langage emploie si fréquemment les abstractions ou les locutions générales, qui sont des espèces de formes abréviatives, à l'aide desquelles notre esprit saisit, dans le moindre instant, un grand nombre de rapports éloignés ou d'idées composées.

Il en est de même, et à plus forte raison, dans l'art de dessiner, de former, de composer et de montrer aux yeux les objets et les sujets de l'imitation. Il y faut aussi, de toute nécessité, recourir à des formes collectives, abstraites ou générales, pour exprimer une multitude de choses.

Et d'abord cette nécessité dérive de la nature physique des ressorts imitatifs appartenant aux arts du dessin. En effet, lorsque les sujets qu'ils ont à traiter sont nombreux, variés et composés, les moyens qu'ils emploient sont resserrés dans un cercle plus étroit qu'on ne pense, soit quant au nombre, soit quant à l'espace et à l'étendue de leur faculté significative ou imitative. Si l'on se rend un compte fidèle (par exemple, sous le simple rapport visuel) des limites où sont resserrés les moyens de ces arts, c'est-à-dire de leurs facultés; on les trouvera extrêmement bornées, par comparaison à l'étendue des propriétés de leur modèle. L'expérience la plus commune nous apprend qu'à l'égard de chacun d'eux, l'action imitative se trouve forcément circonscrite dans une sphère de propriétés et de moyens, dont le peu d'étendue s'oppose physiquement, à ce qu'elle puisse exprimer le plus grand nombre même des qualités sensibles qui appartiennent aux objets.

Ne pouvant, dans un grand nombre de sujets, atteindre à l'étendue, à la diversité de la nature, chaque art, pour dissimuler son impuissance, est obligé d'employer des équivalens, au moyen desquels ses images regagnent en valeur (si l'on peut dire) ce qu'elles sont forcées de perdre en nombre. C'est ce que produit la méthode de généraliser un sujet. Or l'artiste l'adopte et l'emploie en raison, d'une part, de ce que le sujet exigeroit de multiplicité; et d'autre part, de ce que les moyens de son art lui prescrivent de concentration. Ce qui signifie, que plus un sujet s'éloigne de l'unité matérielle, plus l'art doit le ramener à l'unité morale, que plus un sujet est compliqué, plus l'art est tenu de le simplifier. La suite montrera qu'en conséquence de ces obligations, l'art est d'autant plus forcé de recourir au système généralisateur, que ses ressources imitatives sont moins propres à en embrasser toutes les particularités.

Généraliser un sujet, c'est, dans le sens de cette théorie, ramener autant qu'il est possible l'objet imitable, ou le modèle, à la simplicité de son principe, à l'unité morale de sa nature; ce qui signifie, par contrecoup, porter l'objet imitant au plus haut point de sa valeur significative, en le dégageant de ses accessoires.

Rien, par conséquent, n'est plus propre que cette méthode à produire l'effet de l'imitation idéale. Appliquée aux qualités morales des sujets dans quelque genre d'imitation que ce soit, elle y opère le même effet, c'est-à-dire qu'elle en réduit la représentation, à ce que ces qualités ont d'essentiel et de superlatif. Elle vise, dans ce qui regarde les actions, à faire ressortir précisément ce qui les caractérise dans leurs causes, dans leurs

moyens, dans leurs effets. Elle s'attache, dans l'i-
mitation des personnes, à ces traits principaux et
énergiques qui en constituent le type fondamental.
Dès lors elle doit toujours saisir ce rapport principal qui est le moral de chaque sujet, et l'opposé
de celui qui se borne à l'aspect matériel.

Ainsi généraliser, dans l'ouvrage de l'art, l'image
des actions et des personnes, c'est chercher à lui
faire produire et à faire concevoir au spectateur,
l'idée la plus élevée de ces actions et de ces personnes. Cet effet a lieu sur nous, à l'aide de notre
imagination forcée de concevoir dans l'image corporelle, modifiée par la vertu de l'abstraction, des
idées et des rapports, d'un genre très-supérieur
aux rapports et aux idées, qui résulteroient de
l'image particularisée.

Lors donc que l'art, dont les moyens sont bornés
à l'imitation corporelle, veut nous donner, des sujets qu'il nous présente, une haute et grande idée,
(n'ayant toutefois à nous présenter que des corps
et de la matière) il est obligé, sous peine de man-
quer son but, de modifier leurs apparences et
leurs formes, pour parvenir à affecter chez nous
autre chose que le sens extérieur. Ainsi l'action

de généraliser les objets, n'aura lieu que par les changemens auxquels l'artiste les soumettra. L'effet seroit nul, si l'objet ne changeoit pas.

Il est évident que, selon le caractère de l'imitation positive ou de celle qui particularise les objets et les sujets, l'artiste ne peut rien exprimer ni signifier, au-delà de leur existence matérielle et de leurs formes réelles. Dès lors rien, dans une semblable représentation, ne peut nous donner à concevoir l'idée morale d'aucun sujet. Selon le sens nécessairement exclusif et borné d'une telle imitation, les corps ne sont que des corps matériels, et aucune action ne présente que des mouvemens physiques. Rien de plus, rien au-delà. Disons même, que le vrai mérite de ce genre se renfermant dans le positif d'une vérité matérielle, il est impossible à ces sortes d'ouvrages de devenir la représentation d'aucune qualité, d'aucune idée en rapport avec l'imagination, l'intelligence, et quelque ordre que ce soit d'impressions morales.

Si, généraliser un sujet, c'est pour l'imitateur, faire en sorte que l'image qu'il produit de ce sujet, nous en donne une idée générale, et si la perception de chaque sorte d'idée, dans les arts du dessin,

dépend de la forme imprimée à l'image ; il faut
pour signifier une idée générale, dans la représentation du sujet, offrir au spectateur une image généralisée. Mais l'image d'un sujet ne peut acquérir cette propriété, que par la recomposition qu'en
fait l'artiste. Pour en modifier l'effet ou l'aspect,
il est tenu d'en changer l'apparence. Il lui faut en
refondre les élémens, et les combiner dans un système nouveau. Or tout cela ne peut avoir lieu,
sans qu'on en modifie plus ou moins la réalité,
c'est-à-dire la forme extérieure et sensible, celle
des choses, des actions et des personnes.

La suite de cette théorie, et les applications que
nous en ferons aux moyens pratiques employés
par l'artiste, rendront ces notions plus claires et
plus sensibles. Il nous suffit ici de faire entendre
ce qu'est en elle-même, et dans son rapport avec
la manière de concevoir tous les sujets, cette opération de l'art qui consiste à généraliser leur
image.

Disons encore ici que l'artiste en use, tantôt par
choix, comme on l'a vu, et tantôt par force. Or ce
sont ces cas forcés qui produisent le plus de més-
entendus dans cette matière.

Le spectateur ne comprend pas toujours, et l'artiste ignore quelquefois lui-même, les convenances du système imitatif dans lequel la force des choses le place. Il est un très-grand nombre de sujets que l'esprit découvre, aperçoit et rassemble par la pensée, comme ne formant qu'un tout pour l'imagination, et qui cependant ne peuvent comporter ni l'unité du lieu, ni l'unité de temps, ni l'unité d'action, conditions indispensables des représentations qu'on demande aux arts du dessin. Tels seroient, par exemple, les sujets d'une bataille, d'une conquête, d'une alliance politique, d'un traité de paix, d'une victoire. Tels encore les effets des phénomènes physiques, certaines cérémonies politiques ou religieuses, certains spectacles, etc. toutes choses, que même la peinture dans ses plus grands tableaux, et moins encore la sculpture, soit dans les bas reliefs, soit sur les médailles, ne sauroient reproduire dans leur totalité.

Dès lors ces sujets, et beaucoup d'autres semblables, ne peuvent être exprimés pour les yeux sans le secours de l'abstraction. Mais l'erreur commune est, ou de ne représenter ces sujets que dans quelqu'une de leurs fractions, ou de s'imaginer qu'une fraction quelconque d'un sujet, en devient l'abréviation. Non, il n'appartient qu'à la méthode idéale, qui généralise, de pouvoir présenter l'idée vraiment sommaire d'un vaste sujet, c'est-à-dire de savoir le réduire sans le diminuer. Pour que dans ce genre une *partie* puisse signifier le *tout*, il faut que le génie de l'art lui communique une valeur d'expression, qui empêche qu'on ne la prenne pour une simple partie détachée. Ainsi, quelques guerriers d'une armée, quelques actes d'une bataille, quelques résultats frappans d'une opération politique, quelques incidens principaux d'un grand événement, destinés à paroître les fragmens d'un tout, ne pourront représenter leur ensemble, qu'autant que l'esprit et le goût dans lesquels l'artiste les aura conçus, leur aura donné un caractère propre à être l'expression d'une idée générale.

Nous croyons pouvoir indiquer deux manières, par lesquelles cet effet s'opèrera à différens degrés.

La première sera, si l'on veut, celle qui tient aux conventions de l'écriture hiéroglyphique. Mais on doit dire qu'elle paroît devoir être du ressort de l'art d'écrire, plutôt que de celui de l'art de peindre. Il est certain qu'elle fait lire les choses, au lieu de les faire voir. Elle en exprime l'idée, au lieu de l'image. Il y a une certaine partie de l'imitation, celle par exemple des types de médailles, qui peut user de cette pratique, ou du moins s'en approprier l'esprit, en donnant aux figures un rôle plus conventionnel que réel, et qui les rapproche des signes d'une écriture figurative.

Mais la seconde manière (et la plus active) de faire signifier, et d'exprimer la totalité d'un sujet, par ce qui semble n'en être qu'une fraction, est celle qui tend à concentrer dans l'apparence, dans le caractère, ou dans l'action du petit nombre de personnages ou d'objets représentés, non seulement l'emploi des qualités les plus énergiques et les plus significatives, mais encore la réunion et l'élite des traits, des formes, des accessoires les plus éloignés du système des détails, et de la manière de voir positive, en sorte que le spectateur ne puisse prendre ces figures dans un sens différent de ce qu'elles doivent signifier, mais surtout, qu'il lui soit impossible d'y voir des parties détachées d'un tout, ou un incident accessoire d'une action générale.

Or ceci exige impérieusement, que l'artiste modifie les personnes et leurs actions, au gré du mode idéal et poétique, le seul qui puisse changer leur caractère d'individualité, contre celui de l'existence, et de la manière d'être de l'ordre intellectuel, à la hauteur duquel il doit les élever. Il faut se persuader, qu'alors, les images des personnes et des objets, doivent s'éloigner de la fidélité imitative du portrait, et deviennent des représentations plus ou moins conventionnelles. Je dis *le deviennent*, c'est-à-dire doivent le devenir, et par la manière de faire de l'auteur, et dans la manière de voir du spectateur.

C'est ici sans doute, qu'après avoir posé les maximes à suivre par l'artiste, pour faire, il faudroit réciproquement donner des instructions au spectateur, pour apprendre à voir. Si ce dernier ignore les conventions de l'art, ou si, les connoissant, il refuse de s'y prêter, tout effet poétique se perd et s'évanouit. Or rien n'est plus commun, rien n'est plus facile ; car en tout genre où règne

le pouvoir de la métaphore, se fait sentir aussi le
danger de l'équivoque.

L'équivoque peut toujours résulter, plus ou
moins, de tout mode d'imitation, qui, dans chaque
genre, lorsqu'il montre une chose, en signifie une
autre, et qui, surtout ici, en faisant voir des corps,
veut faire entendre dès idées, ou des choses incorporelles. Comme l'espèce de métaphore, dont il
s'agit dans notre théorie, peut s'arrêter à l'organe
extérieur, sans passer jusqu'à l'intelligence, s'il
arrive que le savoir de la théorie, ou le sentiment du goût, n'éclairent ni l'artiste ni le spectateur; il leur devient très-facile de se méprendre
sur la nature et la propriété des images qu'ils emploient ou qu'ils considèrent.

L'artiste, j'en conviens, donne lieu souvent lui-
même à la confusion, et au malentendu, comme
lorsqu'il lui arrive de généraliser son sujet sous
un rapport, et de le particulariser sous un autre ;
de le rendre abstrait dans son motif général, et
positif dans son exécution : comme si, par exemple,
employant les idées allégoriques, selon certains
sujets, soit de Mars ou Bellone pour la guerre,
soit de la Victoire terrassant l'ennemi, soit de la

Paix couronnant un vainqueur, soit de la Science, sous la forme de Minerve récompensant le génie, il représentoit tous ces personnages, ou seulement quelques-uns de ceux qui les accompagnent, avec les détails particuliers des costumes modernes.

Si, oubliant que ces personnages ne sont pas censés faire, dans de telles images, une action réelle ou particulière, mais qu'étant imaginaires, leur action est métaphorique et généralisée, il les représente avec les détails d'une réalité positive, il donnera lui-même le démenti à sa composition, et sa prétendue vérité deviendra un mensonge.

Or un pareil contresens, sera celui de toute autre espèce de conception abstraite, exprimée par l'artiste, avec le style et les élémens d'une imitation positive, locale et particularisée.

Cela nous explique à l'avance, pourquoi l'expression servile des costumes particuliers, admissibles dans les genres du portrait, se trouve nécessairement exclue du système des compositions, dont le caractère est d'être généralisées. Nous verrons, dès lors, que dans les cas où l'artiste, en raison du peu d'étendue accordée à certaines parties de l'art, (comme celle ou du bas relief, ou des types de médaille) est le plus contraint de généraliser les apparences des sujets ; c'est force à lui, au lieu de les particulariser par leurs détails, de les restreindre souvent à l'apparence d'écriture, ou de signes simplement indicatifs. Effectivement l'écriture hiéroglyphique tient, sous un certain rapport matériel, à une espèce d'*idéal*, physiquement entendu ; et comme elle vise à rappeler l'idée des objets, en donnant le moins possible de leur image, on peut, sous un point de vue technique, lui attribuer la valeur d'une sorte d'imitation généralisée.

§ VI.

* * * * * *

Le second procédé analogue au mode idéal ou poétique, et selon lequel, j'ai dit plus haut, que l'imitation propre aux arts du dessin, pouvoit concevoir, traiter et faire envisager toutes les espèces de sujets, est nécessairement celui de la *métaphore.*

Métaphore, comme l'on sait, signifie spécialement *transposition,* ou *transférement.* J'ai dit
comme l'on sait, particulièrement à l'égard de
l'art d'écrire. Car dans celui de peindre, il arrive
trop souvent, que l'un agit, et que l'autre juge,
ou comme si l'on ignoroit le sens de ce mot, ou
comme si la chose n'avoit point lieu.

Dans toute espèce d'imitation et dans chaque
art, l'action de la métaphore consiste à transporter les qualités et les propriétés d'un objet, ou
d'un sujet, à un autre objet, à un autre sujet.
Comme elle donne ou prête, en tout ou en partie,
les qualités de l'un à l'autre; de même elle communique à tout ensemble, à tout sujet plus ou
moins nombreux, les propriétés d'un autre ensemble. C'est-à-dire, que sa vertu agit en grand,
comme en petit, dans toute étendue plus ou moins
bornée.

Par exemple, dans l'art d'écrire, on trouve
qu'il y a les locutions métaphoriques, qui ne sont
que de petites transpositions, destinées simplement
à produire des images instantanées; et il y a aussi
les conceptions métaphoriques, dont l'effet plus
étendu est de modifier et de changer tout l'en-

semble d'un sujet, de la même manière que la chose a lieu, par la locution métaphorique, à l'égard des plus petites parties du discours.

Lorsque l'action métaphorique se trouve employée en grand, elle produit ce que l'on appelle les compositions idéales de la poésie, dans lesquelles, soit les actions, soit les personnes, doivent changer totalement d'existence, en se revêtant des apparences et des attributs, que le poète affecte aux habitans de la région imaginaire où ils se trouvent transportés.

La vertu du système métaphorique étant de communiquer à un sujet les propriétés d'un autre sujet, a relativement à notre esprit, la puissance de déplacer, en quelque sorte, ce sujet, d'en changer la scène, les rapports, les circonstances, les accessoires. Cet effet, qui est, en général, celui de toute fiction poétique, se remarque surtout dans les poèmes épiques, où les personnages réels, c'est-à-dire historiques, sont associés avec les personnages fabuleux, fictifs ou allégoriques, qui font l'ame de la métaphore, et ne sont eux-mêmes que des êtres métaphoriques.

Les arts du dessin emploient aussi la métaphore.

L'artiste a recours au procédé métaphorique, soit pour généraliser l'effet de la représentation d'un sujet, soit pour en exprimer les rapports moraux, soit pour en donner et en faire concevoir une idée plus relevée. Du reste, l'action de la métaphore y est la même, que dans l'imitation qui dépend de l'art d'écrire, quoique ses effets paroissent plus sensibles. Dans le fait, ils ne paroissent tels, que parce que l'imitation, par les arts du dessin, tombe davantage sous les sens.

Si la métaphore est une transposition, si le style métaphorique est une manière de transporter à un sujet, à un objet, les qualités d'un autre, la composition métaphorique n'est qu'un déplacement des élémens, qui constituent la manière d'être d'un sujet, et la transposition de ses élémens à un autre sujet.

Or voilà précisément ce que fait l'artiste, lorsqu'il compose un sujet, hors des termes et des apparences de sa manière d'être positive, et de la manière plus ou moins vulgaire de le voir.

Donc toute composition, dans laquelle l'artiste se propose d'exprimer autre chose que l'imitation servile, ou le portrait identique des objets, est plus ou moins une composition metaphorique. De ce genre, comme nous le verrons, sont le plus grand nombre des tableaux qu'on appelle *tableaux d'histoire*, et sur la nature desquels, soit l'artiste, soit le public, prennent souvent le change. Si l'on donne à la métaphore, tout ce qu'elle peut comporter d'étendue, on trouvera son domaine bien plus considérable qu'on ne pense; puisqu'il est certain, que tous les genres de composition d'un style noble, appartiennent plus ou moins à des procédés, qui ne peuvent être que plus ou moins métaphoriques.

Mais cette qualification appartient, avec une évidence beaucoup plus entière, aux compositions du genre poétique. Lorsque la composition simplement historique ne s'élève pas toujours, par la métaphore, au plus haut style idéal, la conception du style poétique, n'a lieu, que par l'effet d'une transposition absolue, qui fait disparoître du sujet traité, toute trace d'une manière d'être positive.

Dans cette sorte de compositions, les objets et les sujets ou sont assimilés, ou sont associés à des êtres, dont l'existence apparente est une création de l'imagination, et dont l'apparence corporelle est, autant que possible, destinée à signifier des substances incorporelles. Ainsi résulte-t-il de cette assimilation, ou de cette association, la nécessité de changer les apparences, et les formes imitatives des actions positives et des personnes physiquement réelles.

J'ai dit nécessité, c'est-à-dire, condition moralement indispensable, puisque, sans elle, il n'y auroit plus de métaphore.

C'est ici le point de la difficulté, pour les partisans de l'imitation positive. Ils admettent bien la métaphore, mais non le changement de caractère extérieur, dans l'apparence des choses et des personnes. Ce qui leur fait illusion sur ce point, c'est le style métaphorique de l'art d'écrire, qui, comme on le dira, ne peut que nous faire concevoir les objets ou les personnes, lorsque le genre métaphorique des arts du dessin, nous les fait voir, revêtus d'une autre apparence. Mais tout le monde comprend que cela provient de la nature diverse des deux genres d'art. Il faut bien admettre une métaphore visible, pour des arts qui s'adressent aux yeux.

De là, on en convient, il doit résulter qu'entre les créations métaphoriques de l'imitation qui dépend de l'art d'écrire, il en est, qui ne sauroient s'appliquer aux arts du dessin ; ensuite que, dans les compositions graphiques, lorsqu'il applique le style métaphorique à un seul objet, à une seule personne, l'artiste est obligé d'y faire participer tout le reste de ses conceptions ; sous peine, par le procédé contraire, d'établir dans l'ensemble du sujet, non pas seulement de la contradiction, mais de la duplicité. En effet, l'esprit se refuse à admettre, sur un seul point de vue borné, (comme est le champ naturel de toute composition soit des objets, soit des personnages, que le disparate de leur manière d'être, rend ou incohérens ou incompatibles, et qui s'excluent mutuellement par l'effet moral de leur réunion.

Mais ceci sera bientôt expliqué avec plus d'étendue et de clarté.

Il me suffit, pour le moment, de montrer, que l'effet métaphorique (ou de transposition) ne peut devenir sensible, dans les arts du dessin, que par les changemens d'apparence, dont l'artiste est tenu de faire subir l'effet à son sujet, et à ses person-

nages. Dès que la métaphore est une transposition de l'existence apparente, ou de la manière
d'être d'un objet, à l'apparence d'un autre, cet
effet ne peut devenir sensible, dans l'imitation
corporelle, que par une sorte de métamorphose.
Ainsi, lorsque l'artiste use du procédé métaphorique, particulièrement pour exprimer la qualité
morale d'un sujet, il lui devient nécessaire, d'en
faire disparoître ce qui touche de trop près à la
manière d'être matérielle ou positive, dont la
réalité, si elle étoit visible, formeroit l'empêche-
ment principal de la transformation qu'il s'agit
d'opérer.

De là il suit que, dans les sujets modernes surtout, les costumes, habillemens, et manières d'être,
toutes choses dont le sens extérieur est le plus facilement saisi, sont aussi les choses, qui doivent
être exclues de toute composition métaphorique.
Cette disparition étant ce qui, produit pour les
yeux, le changement de manière d'être, est par
conséquent le moyen de la métaphore, si elle n'est
la métaphore même : car ici sans métamorphose
point de métaphore, et il n'y a point de transposition, s'il n'y a transformation.

Maintenant toute la différence de la métaphore en poésie, et de la métaphore en peinture, consiste, en ce que la première s'adresse à l'imagination seule, lorsque la seconde s'adresse à l'imagination et à l'œil; mais il est constant que l'une doit changer, comme l'autre, l'apparence des personnes.

Le poète aussi a sa manière de montrer ses personnages, et d'en rendre les effets sensibles. C'est par leurs discours qu'il les peint, c'est par les actions qu'il leur fait faire, que son art nous les montre. Or changer et modifier le langage et la conduite des personnages qu'on fait agir ou parler, c'est bien sans doute aussi changer leurs apparences, dans notre imagination. Ceux qui se plaignent de ce que le style métaphorique des arts du dessin, rend méconnoissables les actions et les personnes, devroient porter les mêmes plaintes, contre le style plus ou moins métaphorique des poètes épiques ou tragiques, et même des plus célèbres historiens. Car il est certain que la manière dont ceux-ci font agir et parler leurs personnages, ne ressemble en rien, physiquement parlant, à la manière habituelle et réelle de parler et d'agir. L'effet de ce style poétique est de donner aux discours plus d'élévation et de dignité ; à l'expression des sentimens, plus d'héroïsme et de magnanimité; aux procédés, plus de grandeur et de noblesse. Or, si les hommes sont, sous de certains rapports, plus reconnoissables encore, par leurs sentimens, par leurs procédés et leurs discours, que par la ressemblance de leurs costumes, et de leurs détails accessoires; ce qui les change dans leurs traits, les plus personnellement caractéristiques, est d'une toute autre importance, que ce qui les modifie dans de simples formes d'habillement.

Il est vrai aussi que, selon les temps, et par suite des besoins d'innovation, (ne fût-ce qu'en pire) ammenés par les excès de la concurrence, il se trouve des esprits avides de singularités, qui après que la prose a produit la poésie, redemandent à la poésie de se transformer en prose. Ramenant le génie de tous les genres d'imitation, au système matériel de calque ou de patron, ils n'appellent vérité, que la réalité brute; traitant de mensonge toute espèce de convention, ils prétendent que l'art ne doit puiser ses moyens, que dans la réalité effective et matérielle des choses, des usages locaux, des mœurs de leur temps ou de leur pays : c'est-à-dire que l'art devroit cesser d'être art, et de s'appeler ainsi. Mais il ne peut être question ici des travers, beaucoup plus mensongers qu'on ne sauroit le dire, de ces prétendus novateurs. Il ne s'agit que de mettre en évidence la méprise involontaire de ceux, qui non-seulement admettent, mais admirent les conventions dont nous parlons ici, dans l'art d'écrire, mais qui refusent de se prêter au même genre de convention, dans les arts du dessin.

Or, il est certain que ce qu'il y a de différence entre le procédé métaphorique des uns et celui des autres, c'est-à-dire entre les changemens que les uns font subir à leurs sujets, et les changemens que les autres imposent aux leurs, consiste uniquement dans la dissemblance du costume moral, d'avec le costume physique. J'appelle ici *costume,* tout ce qu'en style d'art, on appelle *les mœurs.* Or l'expression des *mœurs* est, dans l'art d'écrire, ce qui constitue la physionomie morale des personnes ; et comme c'est par les traits de cette physionomie morale, que le poète peut rendre ses images ressemblantes, il faut avouer, que le système métaphorique qui change ou modifie le caractère des mœurs, correspond entièrement au système métaphorique qui change ou modifie les costumes.

L'art du dessin ne fait donc, dans son genre, rien de plus que l'art d'écrire.

Mais comme le poète, lorsqu'il modifie, dans ses conceptions, les mœurs et les physionomies morales de ses personnages, par l'action métaphorique, est tenu d'assortir aux conditions de ce caractère, celles de toutes les parties de son action; de même, quand il change dans une composition les mœurs extérieures, autrement dit les apparences de quelqu'une de ses figures, ou lorsqu'il introduit dans son sujet quelque motif métaphorique, l'artiste se trouve obligé de coordonner le caractère de tout son ensemble, à celui de ces parties.

Or, comme le changement qui est au pouvoir de son art, est un changement physique et visible, l'harmonie visuelle, de concert avec l'harmonie intellectuelle et morale, lui imposent l'obligation, sous peine de duplicité morale, et de contradiction, pour l'œil comme pour l'esprit, de nous présenter la totalité de son sujet, sous d'autres apparences, que celles d'une existence réelle, locale, ou dépendante d'un lieu, d'un temps ou d'une mode.

Et en ce genre, il faut le dire, le ridicule attaché à des disparates, qui deviennent des contradictions manifestes, frappe plus certainement les yeux du corps, que la vue de l'esprit.

De là donc la nécessité indispensable, dès que l'on admet le procédé métaphorique, dans une partie de la composition d'un sujet historique, d'y coordonner tout le reste.

§ VII.

* * * * *

Après avoir considéré dans quel système, et d'après quels principes, procède l'imitation des arts du dessin, lorsque l'artiste prétend rendre sensibles, c'est-à-dire, faire saisir sous des formes corporelles, ce qu'il y a de moral et d'intellectuel dans les sujets qu'il traite ; après avoir montré, en théorie, que le résultat nécessaire des procédés imitatifs, qui produisent l'effet du genre idéal, est le changement des formes et de leur apparence, dans les objets et les sujets, je vais maintenant examiner comment, dans la pratique, ces changemens doivent se réaliser. Je ferai voir, par suite, quels sont les principaux ressorts, ou moyens, qui sont à la disposition de l'artiste, et dont il use, pour rendre son imitation idéale ou poétique.

Pour plus de clarté, je distinguerai les moyens dont je veux parler, en deux classes, selon qu'ils se rapportent aux figures, soit considérées isolément, en elles-mêmes, soit envisagées mises en action, et se composant avec d'autres. Je veux dire, selon que ces moyens s'appliquent, ou à la partie de l'imitation (que l'on comprend sous le *nom de dessin*) des figures en particulier et de leurs accessoires, ou à la partie de celles qu'on désigne par le mot *composition*, c'est-à-dire réunion de figures représentant une action, seuls points de vue, auxquels je restreindrai ici cette analyse.

Au premier rang des moyens pratiques dont je veux parler, doit se placer le style de dessin que l'on appelle idéal.

Déjà l'on a pu s'apercevoir que, dans cette théorie, on a séparé la notion spéciale du genre appelé *idéal*, de l'autre notion devenue abusivement plus familière, sous les noms de *beau idéal*. Je sais qu'on associe presque toujours ces deux mots, comme si l'idéal ne pouvoit point être envisagé séparément du *beau*, ce mot entendu dans une acception particulière. Il y a toutefois une distinction importante à faire, sur ce point de théorie, et relativement à l'imitation corporelle.

En effet, comme le beau n'est pas toujours, surtout dans les corps, accompagné de l'idéal ; l'idéal peut fort bien aussi n'être pas nécessairement associé au beau corporel, selon la manière habituelle d'entendre ce beau. On sait en effet que le mot idéal s'appliquera volontiers, en plus d'un cas, à ce qui s'éloigne le plus du beau, selon son acception vulgaire. On le donne, par exemple, à de certaines horreurs, à de certains effets d'épouvante; on le donne à des monstres, on le donne à plus d'un genre d'exception.

Il nous semble ensuite, qu'appliquée à l'imitation du corps humain, l'expression de *beau* jointe à celle d'*idéal*, est affectée spécialement à certains êtres, à certains âges, à certains sujets, lorsque la notion seule d'idéal, peut généralement s'appliquer à tout. Il semble ensuite que, dans son rapport plus particulier avec les corps, la beauté comporte deux acceptions usuelles assez distinctes; l'une physiqu , laquelle se rapporte aux seuls objets qui charment nos sens ; l'autre morale ou intellectuelle, et qui devient en quelque sorte synonyme de perfection. Sans donc prétendre disserter ici sur la question, qui seroit celle de savoir, si la notion d'idéal et celle de beau sont inséparables, dans certaines applications qu'on en fait, aux ouvrages de la nature et de l'art, nous pensons que la théorie surtout a le droit de les distinguer, et d'en traiter séparément les notions.

C'est ce que nous avons fait dans la dissertation précédente, où nous avons traité séparément la qualité qu'on appelle l'*idéal*, considérée en elle-même, et dans son application spéciale aux œuvres de l'imitation.

En suivant le même système, nous dirons que le style *de dessin idéal* est un des principaux moyens qu'a l'artiste, pour opérer les changemens poétiques, qui sont de son ressort. Cela signifie que ce style est véritablement métaphorique. Il consiste, en effet, dans une opération, au moyen de laquelle, l'artiste obligé de considérer la figure humaine, objet de son imitation, non plus dans l'individu, mais dans l'espèce, substitue les formes essentielles d'un type général, aux formes acci-dentelles, qui doivent nécessairement résulter des hasards de la génération de chaque être, pris ou considéré en particulier.

Cette opération de l'art, que j'ai amplement expliquée et définie ailleurs, (*Voyez la Ire Dissert.*) l'aura été ici suffisamment, si j'ai pu faire comprendre comment le *style de dessin idéal* tend essentiellement à généraliser les images des corps, puisqu'il est le contraire du style de dessin, qui procède par l'imitation bornée des particula-rités, et des détails individuels, lesquels constituent l'idée de portrait.

Le style de dessin idéal, étant celui qui généra-lise l'image des corps, est celui qui nous donne la plus grande idée des individus, parce qu'il tend à nous les montrer dégagés de toutes les petitesses de détails minutieux. Aussi l'appelle-t-on *le grand style*, c'est-à-dire, celui qui produit aux yeux, et fait naître dans l'esprit l'impression et l'idée du grand.

Il faut (a dit Montesquieu) *que les grandes choses aient de grandes parties; de petites divisions rapetissent le plus grand espace.* Ainsi le style de dessin, qui, dans l'imitation du corps humain, procède par l'expression de beaucoup de détails et de petites formes, ne sauroit jamais donner une grande idée de la personne représentée, je veux dire surtout, une grande idée morale; parce que, d'après la nature et les moyens de l'art dont il s'agit, l'impression morale ne peut résulter que du moyen physique. Il implique nécessairement contradiction, pour le sens intérieur, qu'un petit et minutieux caractère de dessin, puisse produire les idées morales de grandeur, attachées, par exemple, aux qualités ou apparences de majesté, de noblesse, de richesse, de puissance, ou de force, de magnanimité, d'héroïsme, et de beaucoup d'autres, que la seule petitesse des formes du dessin, ou détruit ou empêche de se manifester.

On comprend donc, sans qu'il soit besoin de s'étendre davantage la-dessus, qu'il doit y avoir, entre le caractère des conformations corporelles, dans l'imitation, et les qualités morales que l'artiste a le besoin de leur faire exprimer, une corrélation, dont l'effet est, en quelque sorte, mécanique ou instinctif. Cette corrélation est du genre de celle qui existe, par exemple, dans l'architecture,

entre les dimensions et les formes appliquées aux
édifices, et les impressions que notre esprit, par
l'entremise de la vue, en reçoit. On sait que de la
diversité des combinaisons, ou des proportions
architecturales, dépendent uniquement les différentes impressions, que cet art peut produire en
nous. De même, dans l'imitation du corps humain,
la seule combinaison de certaines formes, le seul
accord de certaines proportions, agissent, sans
aucun autre secours, assez puissamment sur
notre esprit et notre intelligence, pour leur communiquer la perception de certaines idées, et la
jouissance de certaines qualités déterminées. Ainsi
un grand ou un petit style de dessin ont la propriété, non-seulement de produire sur le sens
physique l'impression plus ou moins positive de la
grandeur, ou de la petitesse linéaire, mais encore,
sur le sens moral, l'idée plus ou moins déterminée
de la foiblesse ou de la puissance intellectuelle.

De là vient, que, comme dans l'œuvre de l'imitation corporelle, l'image d'un homme de trop
petite stature ne sauroit faire naître en nous
l'idée d'un grand homme, moralement parlant; de
même la figure d'un style bas, et d'un caractère

de dessin petit et trivial, surtout dès qu'il ne s'agit pas d'un portrait véritable, étant inhabile à rendre sensibles les grandes qualités morales d'un personnage, devient un contre-sens formel.

Voilà, ce nous semble, ce qui peut le mieux faire comprendre, aux personnes peu instruites des conditions imposées à l'imitation des arts du dessin, la raison et la nécessité des changemens extérieurs, que l'art fait éprouver aux figures des personnages, dont l'artiste veut donner une idée grande, noble, et élevée. Puisque c'est uniquement par les formes extérieures, qu'il peut produire et manifester aux yeux, les qualités intérieures et morales des personnes et des actions, il lui faut nécessairement employer celles des formes physiques, qui sont en rapport d'analogie avec ces qualités.

Or le *style du dessin idéal,* étant celui qui a la propriété de généraliser la forme des corps, d'en agrandir et d'en embellir l'image, est aussi celui qui produit sur nous la plus vive impression, et nous présente l'idée la plus vraie des qualités morales, qu'il est donné à l'art de manifester. Mais ce style ne peut développer son effet, que par la

vertu de cette action métaphorique, dont la propriété est de faire comprendre une chose, et reconnoître un objet, par la comparaison, et en
dessin, par l'apparence d'une autre chose, d'un
autre objet.

Pour concevoir cette action dans toute sa puissance, il suffit soit de jeter les yeux, soit de porter
sa pensée ou son souvenir, sur le plus grand nombre des ouvrages de l'antiquité, et spécialement
sur ces statues, dans lesquelles les Grecs surent
rendre sensibles les qualités, ou les attributs de
leurs divinités, sous les divers genres de configuration du corps humain. Telle fut jadis la vertu
de ce style, que l'œil, en quelque sorte abusé par
l'imagination, cessa de voir des hommes, ou des
créatures purement humaines, dans des conformations privilégiées, qui ne pouvoient effectivement, ni paroître, ni être dans le fait, celles d'aucun homme en particulier.

De là il peut résulter, on en convient, que le
procédé métaphorique, dépendant du *style de
dessin idéal,* changera quelquefois les apparences, ou la manière d'être de quelques personnages, au point que les hommes tout-à-fait étrangers

aux arts du dessin, se méprenant sur l'aspect de l'ouvrage, ou en méconnoîtront le sujet, ou en éprouveront une sorte d'équivoque et de contradiction. Mais on l'a déjà fait voir, le même effet peut avoir lieu, dans l'imitation métaphorique ou poétique de l'art d'écrire, pour ceux qui sont dans l'ignorance des conventions de cet art, ainsi que de la poésie.

Donc rien à conclure de là, contre le droit qu'a l'artiste, d'employer à son gré le *style de dessin idéal*. Rien à en conclure, contre l'effet des changemens qu'il produit. C'est que l'artiste ne peut jamais être tenu d'avoir en vue les hommes ignorans des conventions de l'art. C'est qu'ensuite, ceux qui en ont la connoissance, loin de blâmer ces changemens, applaudissent, au contraire, à l'heureuse métamorphose, qui appelle l'œil de l'esprit à apprécier les beautés de l'imitation corporelle.

§ VIII.

* * * * * *

Parmi les moyens métaphoriques, employés par l'imitation idéale, dans la représentation des personnes, ou dans les figures humaines considérées en elles–mêmes, on sera peut–être surpris, de nous voir comprendre l'emploi de la nudité. On le sera peut–être encore davantage, du nom de *costume idéal,* que nous lui donnons ici. Nous tâcherons de justifier ce titre.

Lorsqu'on parle d'autoriser, ou de justifier l'emploi *de la nudité,* dans l'imitation des arts du dessin, il ne sauroit, évidemment, être question de tous les genres de sujets, où les figures nues sont ainsi représentées, par l'effet d'une convenance directe avec certaines coutumes positives, ou certaines opinions reçues, à l'égard de leur manière d'être. Il faut dire en effet, que dans tous les sujets, qui représentent, soit des mœurs analogues à l'état des sociétés primitives, soit des êtres fabuleux et mythologiques, soit tout ce qui a rapport aux exercices gymnastiques, la nudité, au lieu d'être ce que j'appelle ici *costume idéal*, est au contraire *costume positif*. Sur ces sortes de données, il ne sauroit y avoir lieu à controverse. La nudité n'en devient ordinairement l'objet, que lorsqu'on l'applique à la représentation de sujets et de personnes, avec qui elle paroît en contradiction, et dont elle change, soit la manière d'être ordinaire, soit l'apparence connue. De ce nombre seront particulièrement certains sujets de personnages connus et modernes, que la peinture devra faire entrer dans quelques compositions allégoriques, ou dont la sculpture aura besoin de reproduire les images, soit isolées, en monumens publics, soit faisant partie de certaines conceptions symboliques elles-mêmes.

Dans tous les temps, l'art s'est permis de mettre en œuvre à l'égard de ces sujets, et dans les circonstances données, cette licence imitative. Mais dans certains temps aussi, les partisans exclusifs de l'imitation positive, se sont élevés contre cette pratique.

On peut rendre deux raisons de cette dissidence, et du malentendu quelquefois réciproque, sur ce point, entre le spectateur et l'artiste.

La première, dont je pourrai rendre par la suite un compte plus étendu, est l'emploi inconsidéré que l'artiste fait de la nudité, lorsque comprenant mal la signification de ce costume idéal, à l'égard des figures métaphoriques ou métaphorisées, il traite le nu de ces figures, selon le style de dessin petit, vulgaire, ou positif, qui en détruit l'effet pour les yeux, comme pour l'esprit; ou bien encore, lorsque se méprenant sur les conséquences de cette métaphore visible, il l'introduit dans un ensemble disparate de compositions, ou de personnages qui ne participent point au même système.

La seconde raison est, de la part du public, le défaut de connoissances sur ces matières, ou l'habitude de ne considérer les ouvrages de l'art, qu'avec les yeux du corps, et de prendre tout dans un sens positif ou matériel, c'est-à-dire dans l'ignorance absolue des conventions de l'art.

Mais il est certain, que le style de dessin idéal est le moyen principal que l'art de l'imitation des corps peut employer, pour élever les sujets qu'il traite, dans la région métaphorique et poétique. C'est une nécessité que ce style, dont le propre est de changer, en l'agrandissant, l'aspect des corps, s'exerce sur la représentation proprement dite du corps humain.

Ainsi la nudité deviendra une conséquence obligée de l'emploi du style idéal.

Elle est encore un des moyens les plus actifs de ce procédé poétique, qui généralise l'image des personnes. Rien en effet n'étant plus propre à la particulariser, que la représentation servile et minutieusement imitative des vêtemens, et de tous leurs détails; par la raison du contraire, rien n'est plus capable d'en donner une idée générale, que cette manière d'être, qui appartient à la vue généralisée de l'espèce humaine.

L'emploi de la nudité dans l'ouvrage de l'art, fait donc partie de la prérogative du procédé métaphorique, qui consiste dans la transposition des sujets. Cette transposition, on doit le dire, est la plus efficace qu'il y ait, pour opérer l'espèce de changement, qui transporte l'individu dans un ordre de choses *idéal*, en le dépouillant de la manière d'être matérielle, pour en faire l'habitant d'un monde que la poésie de l'art s'est plu à créer.

La nudité étant un des usages reçus des habitans de ce monde idéal, devient un des costumes propres à caractériser ceux du monde réel, auxquels l'artiste prétend décerner les honneurs de la métaphore. Elle devient la manière d'être spéciale, de tous les sujets que la conception poétique de l'artiste détourne de la signification commune, ou de leur manière d'être usuelle. La nudité enfin est une des conventions des arts du dessin, convention sans laquelle ces arts perdroient la plus grande partie de leur valeur, et de leur propriété imitative. Il ne faut pas, en effet, beaucoup de réflexion, pour concevoir, que des arts dont le propre est l'imitation des corps, ne peuvent jamais aliéner le privilége d'imiter le corps humain.

Souvent l'artiste cherche à motiver, ou à justifier l'emploi de la nudité, dans plus d'une sorte de sujet, par quelques petites fictions, et de certaines hypothèses, qu'il juge avoir plus ou moins de rapport avec nos habitudes. Ces sortes de demi-mesures ont l'inconvénient de ne satisfaire aucune des deux prétentions, et elles donnent plutôt des armes aux adversaires de notre théorie.

Toute supposition, comme celle d'un homme vu au bain, ou plus ou moins en déshabillé, est puérile en soi-même, et loin d'élever le sujet, elle le rabaisse aux particularités de l'état de choses vulgaire. La seule fiction admissible, la seule hypothèse qui explique et justifie tout en ce genre, est celle qui a nécessairement le droit de se fonder sur les conventions métaphoriques, et les licences poétiques, appartenant de droit aux arts de l'imitation corporelle.

Si je dis encore un mot sur la nudité, pour répondre aux objections de ceux qui la regarderoient comme pouvant devenir contraire à l'honnêteté, et à la décence publique, c'est dans la vue de faire observer, outre beaucoup d'autres restrictions, dépendantes des genres de sujets, qu'il existe plus d'un moyen d'allier, même dans l'emploi du nu, la délicatesse qu'exigent les bonnes mœurs, avec les intérêts de la liberté que sollicitent les arts d'imitation. Peut-être même le style idéal, ou ce qu'on appelle *grand style* de dessin, est-il ce qui contribue le plus à détourner l'imagination des rapports sensuels, parce que rien dans l'imitation ne vise davantage à diriger notre esprit, vers les idées de perfection, de beauté, et de science, que les arts peuvent inspirer. Mais ceci devient trop étranger à mon sujet.

§ IX.

✳ ✳ ✳ ✳ ✳ ✳

Je passe à la troisième manière de changer les apparences des figures, considérées seules, ou en elles-mêmes, et qui consiste dans ce qu'on appelle *l'ajustement idéal.*

Ce moyen poétique de l'imitation, dans les arts du dessin, en est encore un, contre lequel s'élèvent les adversaires de tout système poétique applicable à ces arts, sous prétexte, que ces modes de poésie y trahissent, ou y contredisent la vérité.

En répétant l'objection, nous ne pouvons nous dispenser aussi de reproduire, tout d'abord, la réponse naturelle que nous fournit l'analogie des autres arts, et de faire voir encore, que ces reproches de mensonge et de faux, dirigés contre les moyens poétiques des arts du dessin, peuvent s'adresser aussi à tous les moyens poétiques de l'art d'écrire.

Qu'y a t-il en effet de plus faux, sans parler de toutes les conceptions métaphoriques des poètes , qu'y a-t-il de plus contraire à la vérité, comme à la nature réelle des choses, que toutes les formes du langage poétique, que toutes les locutions hyperboliques, et ces constructions irrégulières de tours de phrase, que l'emploi du rythme et du mètre dont on use, pour faire parler ou converser entr'eux, et sur la scène, et dans les poèmes, toutes sortes de personnages, soit fictifs ou anciens, soit historiques ou modernes? Qu'y auroit-il cependant de plus futile, que de semblables reproches, et qui daigneroit y répondre? Tout le monde sait, qu'enlever à la poésie la faculté d'opérer ces sortes de changemens, dans la manière de faire parler ses personnages, ce seroit l'empêcher d'être; puisqu'elle n'existe que par ces concessions, puisque toute poésie est nécessairement plus ou moins fiction, puisque toute fiction repose sur le droit de changer les sujets, non du vrai au faux, proprement dits l'un et l'autre, mais d'un genre de vrai positif, à un genre de vrai abstrait, d'une sorte de vrai, que saisit le sens extérieur, contre un vrai fictif, qui doit s'adresser avant tout à l'esprit.

Or telle est aussi à l'égard des arts du dessin, l'action poétique, qui pour rehausser l'idée des personnes, dans leur représentation, c'est-à-dire, pour mettre l'impression de leurs images, d'accord avec celle de l'ordre d'idées, ou d'invention, auxquelles on les associe, oblige l'artiste de changer leur ajustement spécial et individuel, contre un ajustement général et conventionnel. Or nous entendons ici par ajustement, l'ensemble et l'aspect de toutes les parties, de tous les détails et accessoires, dont se compose l'habillement des personnes. Ajoutons-y la manière d'être d'un grand nombre d'objets, qui ne sauroient se trouver mêlés, sous leur forme positive, à des compositions idéales, sans produire un contraste propre à les rendre réciproquement ridicules.

Il règne, sur ce que l'on nomme l'ajustement idéal, dont il s'agit à l'égard des compositions métaphoriques, un préjugé vulgaire, produit par l'ignorance où est le public, et souvent aussi l'artiste, des raisons et de l'esprit de ce système. On se persuade que toute figure, dont l'artiste dans un sujet d'histoire ou de faits modernes, change l'habillement usuel, contre un ajustement d'étoffes ou de draperies d'invention, est toujours et nécessairement travestie en héros, ou personnage soit Grec, soit Romain. Or presque toujours on se fonde sur cette ressemblance apparente, pour crier à l'anachronisme.

Il faut s'expliquer sur ce point :

D'abord on ne niera pas, que dans l'opinion routinière de quelques artistes, le costume qu'ils substitueront quelquefois à l'habillement réel de leurs personnages, ne soit, plus ou moins, celui des anciens Grecs ou Romains. Comme c'est à l'école de ces peuples, que l'art moderne a puisé le goût et le mode d'expression, de ce que l'on appelle le caractère héroïque, dans l'imitation, il est devenu assez naturel d'appeler Grec ou Romain, l'ajustement dont on transporte les élémens dans les compositions du genre idéal. Mais ces dénominations tiennent plutôt à la routine, qu'à la vérité.

La théorie nous apprend à juger tout autrement, et de ce costume, et de ses apparences.

En effet, les costumes des Grecs et des Romains

peuvent être considérés spécialement, dans les rapports qui les rendent propres à ces peuples ; et ils peuvent l'être aussi d'une manière plus générale, c'est-à-dire dans les rapports d'un système ou d'un mode universel dedraperies.

Sous le premier point de vue, il y a sans doute quelque inconvénient à revêtir d'un costume trop particularisé, par la notoriété qu'il s'est acquise, les figures des personnages dont on veut généraliser ou idéaliser l'apparence ; et l'on doit d'autant moins d'indulgence à cette pratique, que son effet tourne tout aussi directement contre l'esprit de la métaphore. Car selon l'esprit du procédé que ce mot désigne, il ne s'agit pas de transporter pour les yeux, la figure d'un personnage d'une contrée dans une autre, d'un siècle dans un autre siècle, mais bien pour l'esprit, de la région réelle du monde positif, à la région fictive du monde idéal.

C'est en considérant le style des costumes antiques, sous son accord avec ce second point de vue, qu'on peut raisonnablement lui demander, de servir les intérêts et les convenances du système poétique de l'art. Or la suite de cette discussion fera voir, qu'il y a dans les vêtemens et les usages de l'habillement des Grecs et des Romains, plus d'une pratique, et plus d'une manière d'être, qui pour avoir été celle de ces peuples, néanmoins appartient tellement à la nature, en ce genre, qu'on peut en regarder l'emploi comme le patrimoine inaliénable de l'imitation, en tous les pays et pour tous les temps. L'art aura toujours le droit de s'approprier une partie de ce genre d'ajustement, par cela qu'il n'y en a point qui tienne de plus près à la nature de la chose; et il l'emploie, non comme Grec ou Romain, mais comme naturel d'une part, et d'autre part comme universel, c'est-à-dire universellement connu.

Pour donner de ceci un exemple; on peut se rappeler, que lorsque la bizarrerie d'une multitude de modes (je parle des coiffures artificielles) avoit rendu les yeux étrangers à la simplicité naturelle en ce genre, on voyoit l'artiste ennemi de ces usages factices, revenir dans beaucoup de portraits, à des usages de simplicité de coiffures, qu'on appeloit alors à *la Romaine*. Toutefois l'artiste ne prétendoit point imiter l'antique ni les Romains, mais tout simplement la nature; et ces coiffures ne paroissoient Romaines, que parce que la méthode

Grecque ou Romaine, avoit été jadis naturelle.

Il peut en arriver ainsi, de beaucoup d'autres parties de l'ajustement, et des draperies, que l'on substitue aux costumes et aux vêtemens modernes. Leur caractère n'est point *idéal*, parce qu'il est Grec ou Romain, mais quoiqu'il le soit. (Or cela provient, comme on le verra plus bas, de l'usage qui laissoit aux étoffes leur ampleur et leur développement naturel.)

Ce qu'on avance ici, et que l'on démontrera ci-après, à l'égard des draperies qui font le principal de l'*ajustement idéal*, et aussi de celui des anciens, on peut le dire également d'un assez grand nombre d'objets, qui sans doute tinrent aux mœurs et aux pratiques des Grecs et des Romains, mais qui se sont en quelque sorte naturalisés, dans les emplois poétiques et pittoresques des peuples modernes.

On sait que beaucoup d'êtres et de créations mythologiques ont acquis, selon l'expression reçue, *droit de bourgeoisie,* dans les inventions de notre poésie. Elle s'est approprié, et elle emploie sans aucune contestation, toutes sortes d'images et de figures, qui appartiennent au paganisme, et à des croyances depuis long-temps éteintes. Ceux-là même pour qui la vue d'une cuirasse, d'une lance ou d'un bouclier, est un anachronisme, *suscepti-ble*, disent-ils, *d'induire en erreur la postérité sur nos usages*, ne se font aucune difficulté de faire paroître Mars et Bellone dans leurs chants guerriers. Ils continuent d'invoquer Apollon et les Muses ; ils usent du même Parnasse et du même Olympe que les Grecs, sans se mettre en peine de l'illusion, où cet emploi de croyances étrangères pourra jeter les générations futures.

Pourquoi donc l'artiste devra-t-il être plus réservé ? Pourquoi ne se permettroit-il pas de même, d'user par métaphore, de ce grand nombre de formes, qui se sont perpétuées aussi dans le langage figuratif de l'imitation. De ce genre sont, sans doute, ces armures antiques, sous lesquelles les Grecs représentoient leurs héros, et que la mythologie appliqua aussi à ses dieux. Tant de monumens les ont consacrées, qu'elles sont devenues naturellement, dans l'imitation, le signe convenu de l'héroisme, du courage, de la valeur guerrière. Ce sont des caractères reçus chez tous les peuples, qui connoissent la langue poétique des arts du dessin; et de fait, on doit les mettre sur la même ligne, que les êtres allégoriques, dont on parlera tout à l'heure.

Il en est de même d'un grand nombre d'objets et de détails du costume antique, qui sont devenus le patrimoine du costume idéal, et auxquels tout le monde attache des idées convenues. Ainsi la lyre, dont la musique actuelle ne fait point d'usage, est encore dans les ornemens de nos théâtres, le symbole du génie musical et de l'harmonie; et l'on ne s'avise point d'y substituer l'image du premier de nos instrumens modernes; et si on le faisoit, personne ne comprendroit sous la figure d'un violon, l'idée générale qu'exprime à l'esprit l'instrument primitif de l'antique harmonie. Mais, dit-on, il faut oser, il faut commencer. Chose facile à dire. Toutefois, comme avant tout, le premier besoin de celui qui parle, ou qui écrit, est de se faire comprendre, cela explique pourquoi personne ne veut commencer à user de signes nouveaux, c'est-à-dire inintelligibles. La création de tout langage est un mystère. On peut plutôt dire comment on ne fait pas les langues, que comment elles se font. Comme personne ne

peut répondre d'avoir le pouvoir d'ajouter, même
un mot, à une langue; et comme l'usage se ré-
volte contre toute innovation, où se montre à découvert l'action du novateur, il ne faut pas croire,
qu'il soit si facile de substituer de nouveaux signes,
à ceux qui sont usités.

La plupart des objets du costume antique, exis-
tent et se perpétuent, par le fait même de leur antiquité. Cela s'explique d'abord, parce que l'ancienneté même de leur consécration, les a rendus
singulièrement propres à devenir les représentans
du monde idéal; ensuite, parce que la très-ancienne
célébrité des peuples qui nous ont transmis l'emploi de ces objets, et la distance même qui nous en
sépare, leur donnent précisément la propriété
qu'exige le génie poétique de l'art, pour opérer,
dans les sujets modernes, la métamorphose dont il
s'agit.

Il faut dire de ces objets, en peinture et en sculpture, ce que Boileau disoit de certains êtres mythologiques, consacrés dans la poésie moderne,
quoique lui-même il condamne, dans nos poèmes,
comme principal moteur, l'emploi de la mythologie. Il n'y a plus moyen, en effet, de bannir du

langage de notre poésie, les saisons, les zéphirs,
Eole, l'aurore, les nymphes, etc. quoique tous
ces êtres n'appartiennent plus à nos croyances; et
ces images nous les employons, non comme mythologiques, mais comme métaphoriques.

De même le bouclier, la palme de la victoire,
l'olivier de la paix, le dieu de la guerre, la déesse
de la sagesse, les attributs des divinités et des arts,
tout cela fait partie du langage symbolique, de
l'imitation des arts du dessin.

§ X.

✳ ✳ ✳ ✳ ✳ ✳

J'ai dit que la seconde espèce de moyens, par
lesquels procède l'imitation idéale, dans les changemens qu'elle fait subir aux sujets qu'elle traite,
regardoit les figures, considérées dans leur réunion avec d'autres figures, c'est-à-dire ce qu'on
appelle *les compositions*.

Je n'entreprendrai point ici de donner des ré-
gles de composition, ni de faire connoître les principes de goût, auxquels cette partie de l'art est

subordonnée. Mon objet doit se borner à faire voir, comment l'effet d'une composition, selon le système dans lequel elle est conçue, devient pour l'artiste, un moyen de changer l'apparence matérielle de toute espèce d'événement et d'action, et de les présenter, sous des rapports extérieurement différens de leur vérité positive, c'est-à-dire, sous le point de vue qui est celui de l'idéal.

On sait qu'en fait d'art du dessin, ce qu'on désigne par le mot composition, se rapoorte naturellement aux sujets que l'on appelle des *actions*. Les actions sont particulièrment rendues sensibles, dans l'imitation de ces arts, par les formes et les manières d'être des personnages. On a vu de quelle façon le système idéal change et modifie l'aspect des personnages. Il reste à montrer comment, et jusqu'à quel point, le même système change le caractère extérieur des élémens, dont se composent les réunions que l'on appelle *actions*.

Je trouve que ces changemens ont lieu, et s'opèrent, par les emplois divers des trois genres de composition, que j'appellerai *historique*, *allégorique*, et *symbolique*.

Le mot *historique*, associé au mot *composition*,

ne signifie pas précisément, dans la langue des arts du dessin, que cette espèce de composition doive être assujétie à cette fidélité scrupuleuse, qui fait le principal mérite de la manière d'écrire l'histoire. Il n'y a pas toujours une parfaite concordance d'idée, dans les mots dont usent les différens arts. Nous avons assez fait connoître, quel étoit le genre d'imitation corrélatif au caractère de la fidélité, et de la véracité historique, dans l'art de raconter. La composition qu'on appelle *historique*, s'élève au-dessus de ce genre. L'usage affecte cette dénomination, surtout dans la peinture, à cette manière grande et noble de traiter les sujets, manière qui appartient au talent de l'artiste, qu'on appelle *peintre d'histoire*, pour distinguer son emploi, d'avec la manière d'imitation vulgaire, de ceux qu'on nomme *peintres de genre*.

Le genre historique en peinture, est donc, ou celui qui traite les grands sujets que fournit l'histoire, ou celui qui traite les sujets dont l'artiste fait choix, avec cette élévation de vues et de pensées, qui a fait aussi placer les grands historiens, au premier rang des maîtres de l'art d'écrire.

Ces considérations nous apprennent ce qu'est le genre de composition historique dans l'imitation, et quel est le degré qu'il convient de lui assigner, dans l'ordre des changemens plus ou moins sensibles, que le système de l'idéal fait subir aux sujets.

Or il me semble que, sous ce rapport, la composition historique tient une sorte de milieu, entre le simple naturel et le poétique, entre le positif et l'idéal.

Je sais qu'il peut y avoir contestation sur cet objet, et que les maîtres du genre historique prétendent, que la plus haute poésie de l'art de peindre, réside dans ces compositions, où le génie de la peinture a retracé un si grand nombre de traits historiques, sans aucun mélange, ni de fictions, ni d'allégories. Cette controverse toutefois ne tient qu'aux mots, qui transportés de l'art d'écrire, aux arts du dessin, ou n'ont pas conservé, au fond, la même signification, ou se trouvent diversement en rapport avec les qualités des arts, auxquels on les applique. Ainsi je ne mets point en doute, que les belles compositions historiques des grands maîtres, bien qu'on les appelle *historiques,* ne doivent, dans la balance des mérites de l'invention du peintre, correspondre aux plus hautes inventions du poète. Sans doute aussi, on pourra penser, et avec beaucoup de raison, que l'artiste souvent n'est pas plus poète en peignant un sujet fabuleux, qu'en représentant un trait historique.

Mais il ne s'agit ici que d'évaluer systématiquement le degré de métaphore, ou de changement, que l'art emploie dans la manière de traiter les sujets, et cela indépendamment du mérite ou de la difficulté qu'il peut y avoir à employer la métaphore.

Or il est certain, que le génie de l'artiste procède dans la composition historique, par une action moins métaphorique. Il est constant en effet, que les changemens de circonstances, d'idées, de motifs et d'accessoires, qu'il met en œuvre, ne doivent aller, ni jusqu'à la fiction, ni jusqu'à l'allégorie.

La métaphore historique, dans la composition des actions, s'élève sans doute jusqu'à la représentation des rapports moraux et intellectuels d'un sujet. Dès lors l'artiste a le droit d'en modifier les élémens, mais il ne doit rendre ces modifications sensibles, que par des moyens puisés dans la réalité de l'action. Il ne doit y admettre que des personnages vraisemblables, que des circonstances probables, et naturellement liées à l'ordre de choses, que le sens extérieur est forcé d'admettre, au moins comme probables.

Si la composition allégorique, et la composition symbolique s'accordent mieux avec les moyens de la sculpture, la composition historique est plus particulièrement du ressort de la peinture. Effectivement, son genre se rapprochant plus de la manière d'être, et de l'existence positive des choses, il comporte plus de sortes de vérités de détails. Dès lors il a plus d'affinité avec l'art et les procédés du peintre, qui, vu la variété et l'étendue de ses ressources, sait développer en plus grand nombre, et avec plus de détails, les qualités si diverses des objets, et particulariser davantage les temps, les lieux et les personnes.

Tout cela signifie, et que ce genre de composition allégorico-symbolique, et que l'art du peintre, qui en use avec prédilection, ont moins besoin de recourir aux procédés qui changent l'apparence des sujets ou de leur réalité. Par exemple encore, la composition purement historique admettra plus rarement le style de dessin entièrement idéal, dont le propre, comme on l'a déjà vu, est d'enlever aux sujets l'apparence d'une existence matérielle et positive. Il en faudra dire autant, et à plus forte raison, du style de formes, que l'on appelle du nom de *beau idéal*, style assez rarement applicable aux sujets des compositions historiques.

Rarement s'y adaptera aussi le genre des conceptions mythologiques, et de toutes les créations imaginaires, qui peuplent les régions poétiques. Voilà encore pourquoi la *nudité*, sous le rapport dans lequel nous l'avons considérée, (c'est-à-dire comme costume idéal) n'appartient pas aussi indéfiniment à un genre de composition, libre sans doute de modifier les détails de ses sujets, mais non d'en changer entièrement la nature. C'est que la nudité, comme on l'a vu, a la propriété d'opérer la plus sensible de toutes les transpositions dans les sujets, puisqu'elle change non-seulement l'apparence des personnes, mais même la réalité des temps, des lieux et des convenances accessoires d'un sujet. Aussi l'emploi de la nudité convient-il mieux et beaucoup plus généralement à cet art, qui privé par sa nature du plus grand nombre de moyens accessoires, représente les objets avec le moins d'accompagnemens possible, c'est-à-dire à la sculpture.

Ce n'est pas qu'on prétende refuser sur cet objet, au peintre, un droit égal à celui du sculpteur. Point de doute qu'il n'ait aussi le droit de transporter tout sujet, dans la région idéale et conventionnelle, où la nudité est réputée être une sorte de costume. Notre théorie ne tend qu'à rendre généralement ce droit incontestable. Mais la condition de cette concession devra être, que l'artiste renonce au caractère historique, aussi bien dans la conception générale de l'ensemble, que dans les détails de sa composition.

C'est faute de comprendre les conditions de vérité, et les sujétions de vraisemblance, dans les divers systèmes de chaque espèce de compositions, que souvent le peintre choque l'esprit et les yeux du spectateur, par la réunion discordante d'élémens contradictoires. Or la nudité, là, où elle ne tient pas aux élémens positifs d'un sujet en peinture, ou autrement dit, là où elle ne peut être

prise, que comme moyen allégorique, aura l'inconvénient d'offrir un objet réel de contradiction
à l'esprit et aux yeux.

Il répugne à tout sentiment d'harmonie morale,
de voir mêler avec l'image d'une action matériellement vraie, et avec des personnages représentés comme fidèlement historiques, une autre
action, et d'autres êtres, qui ne peuvent appartenir qu'au règne de la fiction poétique. Réciproquement nous verrons, que lorsque le sujet d'une
composition est puisé dans le domaine de la poésie,
ou de l'allégorie, il est tout aussi contradictoire,
d'y mêler les élémens matériels de l'ordre de choses
positif et vulgaire.

Cette association antipathique et disparate d'objets, ou d'êtres opposés entre eux, dans leurs élémens constitutifs, offre un vice plus choquant
encore en peinture, qu'en sculpture.

Comme en effet l'art du peintre, par la propriété qu'il a, de spécifier avec beaucoup de vérité
de détail, le lieu de la scène, parvient à établir
ses personnages, dans un espace réel, pour la vue;
il devient d'autant plus choquant, d'y voir réunis
des personnages dont on ne peut pas supposer la

coexistence, et dont la couleur même tend à rendre l'incohérence plus sensible. Par exemple, l'esprit et les yeux du spectateur ne sauroient se prêter à cette réunion en un seul local, (comme l'a fait Rubens) de Marie de Médicis en habillement de cour, des dames de sa suite, d'un cardinal en robe rouge, et d'un Mercure entièrement nu. Tout cela se combat, et répugne à l'esprit du spectateur.

Quoiqu'en peinture on n'ait jamais établi la loi d'unité, dans les costumes, ou ce qu'on appelle *les mœurs,* d'un sujet historique, il n'est pas moins certain que cette sorte d'unité doit souvent devenir une conséquence de l'unité de lieu, si même elle n'en devient ou le principe, ou le moyen. Faire voir ensemble, dans une composition du genre historique, des personnages qui, par la contrariété évidente de leur manière d'être, s'excluent nécessairement, (en exceptant toutefois ce qui appartient au règne du merveilleux) c'est, en quelque sorte, établir dans un espace, dans un moment, dans une action, la duplicité de lieu, de temps et de motif, et d'intérêt moral.

§ XI.

* * * * * *

L'espèce de composition qu'on appelle allégorique, est celle qui accorde le plus de liberté à l'artiste, dans la manière de concevoir et de traiter
les sujets. Elle est par conséquent celle, qui change
le plus l'apparence des choses, plus même (on doit
le dire) que la composition symbolique, dont la
sculpture, ou la gravure en médailles usent assez
naturellement, parce que ressérés dans leurs espaces, ces arts, comme on le verra, se contentent
de faire imaginer ou concevoir les choses, les actions et les personnes.

Le style propre de la composition allégorique,
change de deux manières l'apparence réelle des
actions. L'une de ces manières tient particulièrement à la méthode de généraliser, telle qu'on l'a
définie précédemment ; et elle consiste à décomposer les élémens d'un sujet, pour les recomposer
dans un système d'abstraction. L'autre se lie plus
positivement au procédé métaphorique, par le

pouvoir qu'elle a, soit de substituer, soit d'associer aux êtres réels et historiques, les êtres intellectuels, dont l'opinion et l'usage ont peuplé le domaine de l'allégorie.

Dans le fait, ces deux manières ont, entre elles, un rapport intime, et le plus souvent elles se confondent dans la pratique. Je ne les ai distinguées ici, que pour faire mieux comprendre l'esprit du système de changement dont il s'agit. En effet, les moyens de considérer et de représenter ainsi les actions, les sujets et les personnages, ne sauroient être trop développés, soit aux artistes, pour régler leurs conceptions, soit au public, pour éclairer ses jugemens.

Selon l'esprit du procédé allégorique, l'artiste substitue à l'image réelle d'un fait positif ou matériel, l'image caractéristique des qualités et des propriétés, qui composent la nature morale de ce fait. Par l'effet d'une transposition intellectuelle des résultats de chaque chose, contre ce qui en est le principe ou le moteur, il résume de chaque action, ce qui en fut la cause, et il nous présente cette action ramenée à son élément moral, ou le personnage transfiguré, sous une autre apparence. C'est-à-dire, qu'il substitue à tout fait, à tout individu considérés sous leurs rapports positifs, un autre ordre de faits, un autre genre de personnage, ou si l'on veut, d'acteur.

Il résulte de là, que la composition allégorique procède naturellement par réduction, en tant que beaucoup d'effets dépendent souvent d'une cause unique. C'est pourquoi le genre de l'allégorie est spécialement propre à représenter, dans des espaces resserrés, certaines actions d'une grande étendue, ou certains sujets qui seroient trop nombreux en détails. Et tels sont les espaces des bas reliefs, ou des types de médailles.

Comme il est dans la nature de 'a composition allégorique, de réduire la représentation de toute action historique au moindre nombre de figures, il est aussi de son intérêt, de donner à leur image la plus grande valeur de signification. Par conséquent, l'artiste doit choisir, dans chaque sujet, et dans chaque action, le motif ou le mouvement le plus clairement expressifs, et il est tenu de les accompagner de tout ce qui peut en rendre l'idée précise, et facilement intelligible. Rien de plus commun en ce genre, que de tomber dans l'inconvénient de l'énigme. C'est dire assez qu'il lui faut une grande liberté dans la manière d'accommoder les personnages à ses convenances, et de façonner en tout l'extérieur du sujet, au gré de son motif principal.

Ainsi l'on ne doit pas trouver extraordinaire, vu le procédé obligé d'abstraction dans l'idée, et de réduction dans l'image par signes, que l'art procède souvent par ellipses, ou par syncope. L'abréviation de l'image d'un sujet, n'est ici autre chose, que la concentration de ses détails; et c'est une des conventions nécessaires du style métaphorique, qui appartient au genre d'imitation, dont on parle. Ce seroit ignorer ou méconnoître la nature et l'esprit de ce langage figuré, que de prendre ce qu'il dit, au pied de la lettre, de ne voir, par exemple, dans la figure d'une partie substituée au tout, qu'une fraction de ce tout, au lieu d'y en concevoir l'idée sommaire. Ainsi, dans les conventions de cette sorte de langue, deux armées ou deux nations, seront figurées par deux combattans, ou par deux personnages de femmes, avec leurs symboles; d'abord parce qu'il est impossible au sculpteur, non-seulement de donner, mais de faire

soupçonner la ressemblance même la plus restreinte de sujets aussi nombreux, et ensuite, parce
que la poésie de l'art a surtout le droit de person-
nifier, ce qui échappe à la possibilité, sous les rapports du nombre, de l'étendue et de la mesure.
Mais ce qu'il faut que la théorie fasse bien comprendre à la pratique de l'art, en ce genre, c'est
que le signe, ou le corps sous la forme duquel s'o-
pérera cette métaphore, n'est pas, ou ne doit pas
être réputé fraction du sujet, ou de l'objet, mais
bien sujet ou objet collectif.

Or, afin qu'on le prenne pour tel, il faut qu'il le
paroisse. Mais pour paroître ce qu'il doit être, pour
jouer effectivement le rôle qui lui est imposé, il
faut que ce personnage collectif, reçoive de tous les
moyens métaphoriques, que nous avons déjà passés
en revue, une valeur clairement significative,
qui puisse l'enlever, pour les yeux, (et ceux surtout de l'esprit) à l'ordre de choses matériel, pour
le transporter dans la région de l'idéal.

Ainsi, ce que l'artiste pourroit faire de plus in-
conséquent, en traitant les sujets du genre collectif, abstrait ou généralisé, ce seroit de donner, ou
de conserver aux figures de ces sujets, les appa-

rences ou la manière d'être de l'individu, comme
sont, entre autres détails de réalité individuelle,
les costumes locaux ou spéciaux, qui personnali-
sent le plus les êtres, et les restreignent, pour les
yeux, à l'existence la plus matérielle.

Cette critique est également de rigueur à l'égard
des sujets de composition, dans lesquels des personnages allégoriques se trouvent, soit associés à
une action, soit substitués à des êtres du règne
positif. Car les figures du règne allégorique ne
sont autre chose, comme la plupart des dieux de
la fable, que des abstractions corporifiées et per-
sonnifiées. Or, selon le véritable sens de cet ordre
de choses, l'artiste qui, dans la représentation de
toute action, substitue les êtres intellectuels de
l'allégorie aux êtres positifs de la réalité, substitue le sens moral de l'action à l'effet physique de
l'action même; et véritablement, ce qu'on pourroit en appeler l'idée à sa réalité. Or, c'est ce qui
constitue l'imitation idéale.

Il suit de là, que tout sujet qu'on représente,
à l'aide de figures allégoriques, est uniquement
détourné de so. sens simple, pour acquérir une
signification d'un autre ordre, et dont l'organe

extérieur ne doit plus être le seul juge. C'est donc, avant tout, à l'esprit qu'il appartient, d'apprécier les convenances de ces sortes de compositions.

La composition allégorique s'adresse, en effet, autant à l'esprit qu'aux yeux, s'il est vrai que l'allégorie, comme on la définit, en montrant une chose, en signifie une autre; c'est-à-dire que, sous des apparences corporelles, elle exprime des idées ou des qualités intellectuelles. Tel est le secret de cette fiction; et il réside dans cet emprunt de formes, que fait un être à un être d'un autre genre. Mais, pour rendre l'allégorie insignifiante, et sa fiction impuissante, il suffira, dans son application aux acteurs de la scène où on l'emploie, soit que l'artiste néglige de leur appliquer le costume idéal, soit qu'il prétende associer, dans une action commune, des êtres revêtus des formes poétiques de l'allégorie, à des êtres bornés aux costumes vulgaires. Or cela s'appellera disparate en composition, ou mieux encore, équivoque pour les yeux, par la duplicité de la scène, équivoque pour l'esprit par l'ambiguité de deux systèmes contradictoires.

C'est pourquoi dans toute composition, où l'artiste introduit des êtres soit allégoriques, soit empruntés à l'antiquité, et destinés à figurer avec des êtres ou modernes ou historiques, les convenances seules de la vraisemblance, commandent de rehausser le plus possible les formes extérieures de la figure moderne, et d'égaler son apparence au niveau du costume affecté à la figure antique, ou au personnage poétique. Faire intervenir Mars ou Bellone, au milieu des uniformes de nos soldats, Thémis, Minerve ou Apollon, dans les représentations de sujets, où des personnes modernes paroîtroient sous les habillemens et avec les modes de leur époque, c'est exposer ces sujets à un contraste voisin de la caricature, et, par conséquent, ridicule.

On a quelquefois objecté, contre la rigueur de cette théorie, l'exemple et l'autorité des poètes, qui, dans leurs inventions, font intervenir les êtres allégoriques, et les associent aux actions des personnages historiques et modernes. La réponse à cette objection se trouve dans la nature même de l'objection, puisque les personnages du poème, appartenant à un monde invisible, le contraste reste inaperçu au sens extérieur. Or, c'est le cas

de dire : *Segnius irritant animos demissa per au-*
res, quàm quæ sunt oculis subjecta , etc.

Méprise donc que cette objection. Elle ne peut
provenir que du défaut de distinction entre les
moyens d'imitation propres de chacun des deux
arts, dont l'un peint par les paroles, lorsque l'autre
parle par les formes. Les peintures du poète n'ayant
rien de visible, les disparates de nature entre les
êtres qu'il associe, n'ont rien de sensible, et ne
sont qu'imaginaires. Mais, dans la métaphore pittoresque, toute poésie est une poésie visible. Les
êtres ne doivent leur vertu poétique qu'à des
formes corporelles. L'association qu'on en fait,
avec d'autres êtres, est une réunion d'objets qui
tombent sous les sens ; et tout manque d'accord
ou de vérité, en ce genre, est un faux matériel.

La comparaison sur ce point, entre le poète et
l'artiste, manque donc de justesse, parce que
(comme on l'a déjà dit) ce qu'il faut comparer
avec le costume matériel du peintre, c'est le costume moral du poète, autrement dit, les mœurs
de ses personnages. Alors il n'y a également aucun doute que le poète, lorsqu'il associe à des
êtres de la région idéale les personnages réels, ne

soit tenu, selon la nature de son genre et de ses moyens, d'élever les sentimens, les discours et les procédés de ceux-ci, au niveau de l'ordre de choses, dans lequel ils se trouvent transportés.

Or les sentimens, les discours, les procédés en poésie sont les corrélatifs du dessin, de la forme et du costume en peinture.

Ainsi l'on peut dire que, dans les compositions allégoriques, l'artiste ne change pas les personnes et les actions, plus que l'écrivain dans ses conceptions poétiques; mais il les change autrement. Il les change selon les moyens de son art, et en vue de l'organe auquel s'adresse cet art.

Le style de dessin idéal, dont on a parlé plus haut, convient donc particulièrement et aux figures allégoriques, et aux personnages réels qu'on leur associe. Comme tout sujet allégorique ou *allegorisé* rentre dans la classe des abstractions, c'est au genre de style abstrait qu'il appartient d'en rendre le caractère sensible. Selon ce système, les êtres forcés, si l'on peut dire, de revêtir des corps, ne doivent en avoir d'autres que des corps également, si l'on peut dire, métaphoriques. Et tels sont, à la lettre, ceux que produisent, soit le style de

dessin idéal, soit celui qu'on appelle du *beau idéal*.
On voit aussi comment l'emploi de la *nudité*, dans
la représentation des corps, et le privilége de l'ajustement de draperies idéales, sont le vrai patrimoine de la composition allégorique.

Or ceci nous conduit naturellement à conclure
que toutes ces libertés, qu'on traite souvent d'in-
convenances ou de mensonges dans les œuvres de
la sculpture, soit en statues, soit en bas-reliefs,
en médailles, etc. sont, beaucoup moins qu'on
ne pense, des libertés ou des écarts; et qu'au contraire, ce sont les effets nécessaires des moyens
indispensables de cet art. Ce qui signifie, par conséquent, que la composition allégorique est dans
les attributions nécessaires de la sculpture.

L'art de sculpter est celui qui présente à l'artiste le moins de variétés dans la représentation
des personnes, le moins d'étendue pour celle des
actions. Privé des moyens d'exprimer la couleur
des objets, et tous les effets qui en dépendent;
borné dans les statues et les bas-reliefs, à un petit
nombre d'individus, à un plus petit nombre d'aspects et de plans, ne pouvant user des ressources
de la perspective, si propres à multiplier les effets

de la composition, cet art est celui qui diroit le moins de choses, s'il ne savoit compenser, par la valeur de ses images, ce qui leur manque en diversité, et regagner, par la vertu de leur signification, ce qu'elles ne peuvent obtenir en nombre et en étendue.

Voilà pourquoi cet art, plus laconique que les autres, doit rassembler sous un petit nombre de signes, la plus grande masse d'idées, si l'on peut dire, et viser à faire produire, par une seule image, le plus d'impression ou les impressions les plus fortes. Or, comme le style de dessin idéal ou de formes généralisées, est celui qui peut donner la plus grande idée des individus; et comme l'emploi de la nudité est le moyen de faire briller, au plus haut degré, ce style de dessin, la sculpture éprouve le besoin d'employer le plus souvent, et de préférence, dans la représentation des personnes, le caractère métaphorique ou allégorique, qui prescrit l'échange de la réalité vulgaire contre l'apparence idéale.

Egalement inhabile à narrer les actions, dans leurs détails et leurs circonstances; réduite, par la nature de ses moyens, à ne pouvoir les traiter, que dans le cercle le plus borné, et souvent à ne montrer qu'un seul point de chaque événement, elle devroit renoncer à exprimer une multitude de choses, si elle ne trouvoit, dans la transposition allégorique, un équivalent de la manière d'être positive, qui, dans un grand nombre de sujets, échappe à ses moyens d'imitation. En effet, la véritable théorie de cet art nous enseigne, que vainement il ambitionneroit de s'appliquer, par exemple, dans la composition des bas-reliefs, le système pittoresque, comme cela s'est pratiqué à une certaine époque. Il a été démontré, que dans cette singerie de la peinture, les sujets, sans pouvoir acquérir la qualité narrative de la composition historique, perdent la vérité métaphorique de la composition allégorique.

Le secret de la sculpture, est de dire d'autant plus qu'elle parle moins; et tel est celui du bas-relief antique, qui est véritablement conçu dans le sens propre à l'allégorie, laquelle signifie plus de choses qu'elle n'en montre. Selon le système de composition antique, toute action se trouve réduite au moindre nombre de ses élémens; et ces élémens, au lieu d'être les mêmes que ceux

de la peinture, sont plutôt considérés dans la portée de leur action sur l'esprit, comme ceux de l'é-
criture. Le sculpteur suppose alors que les personnages qu'il retrace aux yeux, sont les caractères
personnifiés d'une écriture figurative. Leur combinaison doit, par conséquent, se réduire aux
termes de la simplicité, qui caractérise le genre
d'une imitation abstraite. Dans le bas-relief, la
multiplicité des plans n'étant qu'un mensonge
grossier pour l'œil, l'art se refuse à traiter les sujets et les actions, dont la représentation exige des
espaces étendus, et des lointains en profondeur.
De là, comme on voit, le besoin, pour l'artiste, de
recourir aux ressources métaphoriques, qui, ré-
duisant une action à ce qu'elle a de principal, la
reproduisent sous un petit nombre de traits caractéristiques, plus propres à la faire comprendre
par l'esprit, qu'à la montrer aux yeux. Or, telle
est la propriété de toute *composition* du genre *allégorique*.

Ce n'est donc point par choix, c'est par nécessité, que la sculpture a recours aux procédés du
genre idéal, c'est-à-dire, à ceux qui généralisent
et métaphorisent la représentation des personnes

et des actions. Si c'est par nécessité ou autrement, sous peine, soit de ne rien dire, soit de dire mal, ou de dire faux, qu'elle a recours à ces fictions, il faut donc reconnoître qu'elles tiennent à la nature de son langage. Or, si telle est la nature propre de sa langue, lui en interdire les ressources, ce seroit lui enlever les moyens de s'exprimer.

Ceci deviendra d'une évidence plus grande encore, si l'on veut en faire l'application à la composition des médailles. Là, tous les moyens imitatifs de la sculpture, sont circonscrits dans le plus petit espace, les sujets réduits à la plus petite dimension, restreints au moindre nombre de personnages : et, par une opposition qu'il faut remarquer, les sujets qu'elle doit y représenter, sont ordinairement les événemens les plus considérables, les faits les plus nombreux en circonstances.

Comment exprimer, sur un aussi petit champ, des sujets multiples, et souvent complexes, presque toujours nombreux en figures, abondans en variétés et en détails?

Ce qu'il faut d'abord détruire ici, c'est l'opinion

de ceux qui, parmi les modernes, ont cru ou croient encore, que l'art de la composition des médailles peut assez rapetisser ses figures, pour en faire comme des miniatures imperceptibles. Outre ce qu'un pareil travail auroit de vicieux en soi, comme incompatible avec le génie de l'art, et avec ses ressources naturelles, on doit dire encore que ce procédé d'imitation diminutive, est totalement en opposition avec la principale destination des médailles. Leur véritable objet est de conserver la mémoire des événemens, et, par conséquent, de faire en sorte que leur image se transmette, encore visible, aux âges les plus reculés. Or, le système de petits tableaux en miniature et en perspective, appliqué à la composition des champs de médaille, tourneroit entièrement contre l'effet qu'on doit en espérer et en attendre. Dès lors, l'intérêt de la politique se réunit à celui de l'art, pour exiger qu'on donne une assez forte saillie aux figures des types. Cela, par conséquent, est un nouveau motif pour que l'artiste conçoive ses sujets assez saillans, et dès lors avec peu de figures.

Mais, dans l'imitation corporelle, signifier

beaucoup de choses avec peu de figures, c'est rendre une composition abstraite, métaphorique ou allégorique. Il n'y a, en effet, que le style de ce genre, qui ait la propriété de faire signifier, à des figures matérielles, les qualités morales des sujets, les idées intellectuelles des êtres, et de substituer, dans la représentation syncopée d'une action, son idée morale, à son image physique. La vertu de ce style en figures, comme celle de la *parabole* ou de l'*apologue* en écrit, est de porter l'esprit à voir et beaucoup plus, et beaucoup plus loin, que les yeux seuls ne le peuvent faire.

L'imitation allégorique signifiant une chose, sous l'apparence d'une autre, doit donc employer des êtres fictifs. Ayant besoin de signifier beaucoup de choses, par l'entremise d'un petit nombre de signes ou de figures, elle est par conséquent forcée d'employer à leur signification, les images d'êtres en apparence collectifs, et qui, dans cette sorte de langage, sont, à l'art du dessin, ce que les idées abstraites, ou les mots qui les expriment, sont à l'art d'écrire. Cette sorte d'imitation, forcée qu'elle est de ramener, autant qu'il est possible, les sujets qu'elle traite, à l'unité d'aspect, à la sim-

plicité de motif, est donc obligée de tout person-
nifier. Mais on comprend, que ces êtres fictifs ou
collectifs, et que des personnages qui représentent des idées, ne doivent être pris, par le spectateur, ni pour des êtres positifs, ni pour des personnes réelles. Dès lors, les figures auxquelles
l'artiste fera jouer ces rôles, devront être ou paroître de la façon la plus évidente, dégagées de
tout costume local, de toute forme banale, enfin
de toutes les apparences positives du style vulgaire,
ou d'une réalité proprement entendue.

Voilà pourquoi les costumes modernes ne seront
appliquables sur les médailles, qu'aux personnages
représentés dans le goût et avec l'obligation du
portrait. Or voilà pourquoi on ne peut se permettre
d'appliquer ces costumes à tous ceux qu'on destine, soit par une action allégorique, soit par leur
concours avec des êtres métaphoriques, à signifier
autre chose qu'une réalité vulgaire. Ces personnages doivent alors, comme les acteurs dans nos
théâtres, se trouver revêtus du costume que leur
assigne le rôle qu'ils ont à jouer; et ce costume
est celui que nous appelons *idéal*.

Oui, prétendre obliger l'art de la composition

des médailles à observer les costumes mcdernes dans la représentation des choses, des actions et des personnes, c'est précisement vouloir bannir des inventions de cet art, l'allégorie et la métaphore, puisqu'elles ne peuvent se manifester dans les figures corporelles, que par le changement extérieur de ces figures.

Mais bannir l'allégorie et la métaphore de l'art des médailles, c'est bannir l'art lui-même; car c'est se refuser aux conditions de son existence.

§ XII.

* * * * * *

On a déjà eu l'occasion de faire voir, que plus les matériaux d'un sujet ou d'une action, en fait d'art, étoient composés, étendus et nombreux, plus l'imitation en général, mais surtout celle des arts du dessin, étoit forcée d'en simplifier, d'en réduire et d'en restreindre la représentation. On a pu voir aussi, que cette obligation, augmentant de rigueur, dans chaque division de l'art, en raison de la convenance des moyens pratiques de chacune d'elles, l'artiste étoit tenu de suppléer d'autant plus au manque d'évidence, soit démonstrative, soit narrative de ses sujets, par la vertu significative du genre idéal de la métaphore ou de l'allégorie.

Mais il est encore de certains sujets, que ni l'imitation corporelle, ni aucune sorte de composition soit historique, soit allégorique, ne peuvent rendre intelligibles, avec les moyens bornés de la sculpture, par exemple, et de la gravure en médailles surtout. Tels sont (et aussi pour la peinture) ces sujets d'un genre fort abstrait, qui ne produisent dans l'imagination, et ne fournissent à l'art, aucun point de vue réductible à un ensemble déterminé, parce qu'ils exigeroient une longue succession d'images : comme, par exemple, une découverte importante dans la science, la création d'une institution civile, l'établissement d'un code de législation, une négociation politique entre puissances, etc. etc.

L'artiste alors doit avoir recours à la *composition* qu'on appelle *symbolique.*

Celle-ci est à la composition allégorique, ce

que l'allégorique est à l'historique. Lorsque la conception allégorique substitue l'image des qualités de l'objet, à l'image de l'objet, la conception symbolique substitue à cette image, ce qui en est simplement le signe conventionnel; c'est-à-dire que, dans cette sorte de composition, les choses sont représentées, non par leur image, mais par des signes abrégés de leur idée.

Effectivement les figures symboliques ou emblématiques, sont de véritables caractères, du genre de ceux qu'on appelle *hiéroglyphes*. C'est une sorte d'écriture proprement dite, qui représente non des sons, mais des formes, et qui parle réellement aux yeux.

La différence entre cette écriture, et celle des signes hiéroglyphiques (du premier ordre), consiste en ce que, lorsqu'elle offre aux yeux la forme d'un objet, d'un corps, d'un être quelconque, c'est moins cet être qu'elle nous montre, que l'idée d'un autre désigné par cette forme.

A le prendre dans le sens philosophique, l'imitation symbolique, par le pouvoir qu'elle a de nous faire saisir l'idée d'un objet sous le signe d'un autre, est l'imitation (à proprement parle·)

la plus idéale de toutes. Elle est celle qui exerce le plus la faculté de percevoir par l'imagination. Elle est celle qui, considérée sous son aspect matériel, occupe le point le plus opposé à celui de l'imitation positive ou identique.

Réduite à ses seules ressources, la composition symbolique est, sous le rapport de l'art, la dernière de toutes, dans cette région de l'imitation qui appartient à l'idéal ; comme on pourroit dire, au contraire, qu'elle y est au premier rang, en tant qu'elle change, le plus possible, la nature visible des sujets. Aussi s'associe-t-elle, le plus souvent, aux figures allégoriques dont elle complète ou rachève l'expression, par la valeur significative de ses emblèmes.

En effet, un grand nombre d'images allégoriques, courroit risque de rester ou insignifiant ou équivoque, sans les attributs symboliques, qui en développent ou en fixent le sens. Aussi, en théorie, ne sauroit-on guère séparer l'analyse de ces deux sortes de compositions, et ce qu'on dit de l'une s'applique assez facilement à l'autre.

C'est encore aux compositions de la sculpture, soit en statues, soit en bas-reliefs, soit en types de médailles, que convient spécialement l'emploi du style symbolique. Quoique la peinture en puisse user aussi, cependant, il y a, sur cet objet, une remarque de goût à faire. C'est que les signes effectifs et propres de cette sorte d'écriture, acquièrent, par la couleur, une trop grande apparence de vérité réelle; ce qui, le plus souvent, détruit l'autre vérité conventionnelle et fictive, propre à leur nature. Par exemple, Nicolas Poussin, dans un de ses tableaux, a représenté la figure allégorique du Nil, appuyée sur un Sphinx à corps de lion et à tête de femme, et il a donné à la tête de cette composition symbolique, les couleurs de la vie. Or, on ne peut s'empêcher de trouver étrange que ce qui n'est qu'un caractère d'écriture, soit ici métamorphosé en être vivant.

Très-souvent on se méprend sur le sens propre des symboles, et, par suite, sur le système affecté aux compositions symboliques. La vérité, à leur égard, est qu'elles ne doivent point prétendre à l'illusion imitative; et l'on ne doit leur en demander, ni le mérite ni le plaisir. L'objet principal de cette imitation, n'est pas de faire jouir nos yeux de la vue agréable des objets qu'elle nous présente.

Leur aspect sensible ou positif n'est, pour l'œil, que le point secondaire. Son point essentiel est celui de la connexion de l'idée avec laquelle le signe corporel est en rapport.

Or, ceci nous donnera la raison du manque de proportion relative, qui doit si souvent exister entre les symboles et les êtres, que la composition de l'artiste réunit, pour exprimer aux yeux des idées qui, pour l'esprit seul, sont liées entre elles. Comme ces objets ne sont là pour être considérés ni en eux-mêmes, ni pour eux-mêmes, ils ne sont pas destinés davantage à opérer d'agréables rapports de proportion ou d'harmonie visuelle avec les objets qu'ils accompagnent.

Tantôt signes des idées; tantôt supplémens conventionnels de l'image des choses; tantôt portion ou abréviations de ces images, ils n'ont d'autre raison de se trouver ensemble, que celle qui rapproche, entre eux, les caractères de l'écriture. Leur coexistence est purement intellectuelle, et leur rapprochement n'est que rationel. Il n'y a point d'échelle de proportion, qui puisse établir des rapports de mesure vraisemblable pour l'œil, entre des signes qui comprennent toutes les figures, depuis celle du globe terrestre, jusqu'à celle d'un moucheron. Toute approximation de vraisemblance en ce genre, quand elle ne seroit pas impossible, seroit inutile, puisqu'il s'agit moins de ces figures en réalité, que de ce qu'on leur fait signifier. Je vais plus loin ; car je dis qu'elle seroit nuisible, si elle étoit possible, et cela, parce qu'elle détourneroit l'esprit, de considérer ces figures sous leur véritable point de vue.

C'est que le vrai point de vue des figures symboliques, est le point de vue intellectuel. On en doit dire autant des figures allégoriques, qui, comme on l'a vu, participent de la propriété des symboles. La convenance de leur caractère exige un genre d'imitation, jusqu'à un certain point *inimitative,* s'il étoit permis d'employer ce terme, pour désigner dans une figure cette nuance vraiment philosophique d'imitation, qui tend à la faire envisager dans un sens différent de celui qu'offre sa vue matérielle. L'artiste doit alors y supprimer précisément tous ces détails qui prétendent par trop à l'illusion. C'est par les mouvemens les plus simples, par des attitudes graves, par une pantomime sévère, que se manifestera le caractère dont on parle, et dont un grand nombre de statues antiques offre les meilleurs exemples.

Effectivement, il paroît que les artistes de l'antiquité s'inquiétèrent peu de certains manques de fidélité, soit dans leurs bas-reliefs, à la perspective, soit dans beaucoup de statues, au fini des accessoires, aux exigeances des détails. C'est pourquoi le système du bas-relief antique ne s'explique complètement, que par l'esprit de l'écriture symbolique, qui en fut certainement l'origine et l'école primitive. A plus forte raison, les anciens, dans leurs compositions du genre symbolique, durent-ils méconnoître constamment toute espèce de prétention à cette vérité qui tend à produire l'illusion.

Les symboles, ainsi qu'on l'a dit, s'emploient donc souvent à spécifier d'une manière plus particulière les figures allégoriques. La balance dans la main d'une figure, la fait reconnoître pour la Justice ; la massue désigne la Force ; le gouvernail l'Administration ; l'épée la Puissance, etc. Comme les mêmes symboles se donnent aussi aux figures des personnages réels et historiques ; ceux-ci prennent alors la place des êtres allégo-

riques et mythologiques. Ainsi la foudre placée
dans la main d'un guerrier, le transforme pour
les yeux en Jupiter, et Périclès fut représenté avec
ce symbole, par allusion à la puissance de son
éloquence. De même on donne les attributs symboliques des vertus, des sciences, des arts, et de
diverses qualités civiles ou politiques, aux personnes dont on veut faire connoître, par ces signes,
les talens et les mérites divers.

Je n'ai pour objet ici, ni de discuter tous les
principes de goût, que l'artiste doit suivre dans
l'emploi des allégories et des emblèmes, ni de dire
tout ce qu'il doit faire pour donner à ce langage
la clarté dont il est susceptible, ni surtout d'indiquer quelles sont, relativement aux temps, aux
personnes et aux actions, les convenances relatives que toutes sortes de délicatesses prescrivent
d'observer. Mais je me bornerai à faire sentir de
nouveau, ce qu'impose de devoirs à l'artiste, dans
la représentation des sujets historiques ou modernes, l'application qu'on juge à propos de leur faire,
des attributs symboliques ou allégoriques.

§ XIII.

* * * * * *

Evidemment l'objet et l'effet des attributs symboliques, appliqués à la figure de quelque personnage que ce soit, sont de rendre cette figure métaphorique. J'ai dit évidemment, et ce n'est pas sans raison; car, pour que cet effet agisse sur notre esprit, il faut que notre vue en soit frappée; il faut que la métaphore devienne visible. Mais elle ne peut devenir telle, qu'autant que la figure sera mise d'accord, et d'une manière sensible aux yeux, avec la signification de l'attribut symbolique. Celui-ci est de sa nature idéal, c'est-à-dire, que sa destination le rend et doit le faire paroître tel. Le véritable sens de ce genre de signe est nécessairement déterminé par tout ce qui l'environne. S'il doit y avoir influence et action du signe symbolique sur la figure de celui à qui on l'attribue, il y a de fait, et moralement, réaction du caractère de la figure sur la signification du symbole. Disons

même que le caractère de la figure est plus propre à déterminer le sens d'un signe, pris le plus
souvent dans la catégorie des objets matériels,
que ne peut le faire ce signe, objet accessoire, pour
fixer le caractère du personnage. D'où il devra
résulter, que l'apparence du style vulgaire et du
costume trivial, dans une statue ou toute autre
composition, ne sauroit être relevée ni ennoblie
par l'attribut symbolique, mais qu'au contraire
elle rabaissera et dégradera, si elle ne la détruit
pas en entier, sa valeur significative.

Lors donc qu'une figure à laquelle on donne
des attributs symboliques, n'est pas conçue et
traitée elle-même dans le style allégorique, ces
attributs perdent leur signification; et ils deviennent ridicules, en reprenant leur sens naturel.
C'est ce qu'on vit arriver à une certaine figure de
Molière. L'artiste, pour désigner allégoriquement
l'art dans lequel s'étoit illustré le prince des poètes comiques, voulut accompagner sa figure d'un
attribut symbolique de la comédie. Regardant cet
art comme ayant la propriété de devenir, en quelque sorte, le miroir des mœurs de la vie civile, il
imagina de mettre dans les mains du poète un

miroir, de forme tout-à-fait moderne. Il crut en même temps, par honneur pour le pays qui avoit donné naissance au poète, devoir laisser à celui-ci son costume d'habillement bourgeois, fidèlement rendu. La figure ne représentoit plus, et ne pouvoit donner au spectateur d'autre idée, que celle d'un marchand miroitier, et tout le monde l'appeloit ainsi.

Il en arriveroit autant à toutes les figures du genre d'imitation vulgaire, que l'on composeroit avec accompagnemens d'attributs empruntés à toutes les choses usuelles de la vie; comme seroient, selon les sujets, la balance, la houlette, le gouvernail, la rame, la bride, la roue, et tant d'autres dont l'emploi ne réveille et ne produit une idée, ou une impression morale sur le spectateur, dans l'application qu'on en fait aux sujets composés, ou aux images isolées, que par le concours du style idéal, que l'artiste leur approprie.

On conçoit qu'il doit en être de même à l'égard de la signification des animaux symboliques, associés aux figures, ou simulacres des personnages dont on veut caractériser, par ces accesoires, les qualités morales. Il faut, avant tout, que le personnage, par son apparence et par sa composition métaphorique, force le spectateur de compren-prendre que ces animaux ne sont employés là, que dans le sens de la métaphore. Or c'est au goût de l'artiste qu'il appartient, plus qu'on ne sauroit le dire, de lever l'équivoque attaché aux signes symboliques, ou autrement, d'apprendre à l'œil de l'esprit, qu'ils ne doivent être ni envisagés, ni entendus sous leur aspect matériel, et dans leur sens positif. Ainsi leur signification morale dé-pendra uniquement, dans ce cas, de l'accord in-tellectuel de style et de caractère, qui forcent en quelque sorte, notre imagination à concevoir, qu'une jeune fille avec une brebis signifie l'Inno-cence, et que cette femme tenant une balance, veut dire la Justice.

Or, il faut peu de choses dans ce qui dépend de l'imitation corporelle, pour faire, que les deux êtres auxquels on adjoindra les attributs qu'on vient de nommer, au lieu d'être l'Innocence et la Justice, ne soient plus qu'une bergère et une marchande. Il suffit de leur donner une forme vulgaire, et un costume qui ne soit pas idéal. Oui, la seule différence du positif à l'idéal, dans le style de dessin et le costume des figures allégoriques, fait monter ou descendre leur signification, l'élève dans la région morale, ou la ravale aux emplois de l'ordre de choses vulgaires. Et cet effet a lieu presque machinalement; il tient à l'instinct du spectateur, c'est-à-dire à une certaine puissance de sympathie, qui existe entre les objets visibles, et nos facultés visuelles.

Dès lors quand on applique à des personnages réels, soit modern··· soit du temps passé, les caractères du genre symbolique, on n'est pas libre de les habiller ou de les ajuster arbitrairement dans un costume ou dans un autre, puisqu'il tient à l'apparence et à la forme extérieure de leur manière d'être, de ratifier ou de démentir le sens métaphorique, de confirmer ou de neutraliser l'effet du signe emblématique.

Il est constant au contraire que, dans la manière de traiter un sujet, quand l'artiste a fait choix du genre de composition allégorique ou symbolique, il est tenu de faire subir à ses personnages de quelque espèce qu'ils soient, et dans leur manière d'être, (qu'elle dépende ou de leur caractère de dessin, ou de leur ajustement) les modifications propres à les mettre en harmonie avec le genre adopté.

A cet égard, il faut dire que tout est réciproque. Ainsi le simple bon sens enseigne, qu'on doit éviter également de contrarier par l'introduction de tout accessoire idéal, de tout moyen métaphorique quel qu'il soit, le genre de véracité qui appartient au système de composition conçue et traitée, selon le sens positif de l'imitation que nous appelons vulgaire.

Ainsi Wander-Meulen a représenté dans des tableaux de ce dernier genre, toutes les actions militaires de Louis XIV. Le Brun au contraire, dans des peintures du genre idéal, a exprimé une partie des mêmes exploits. Il eût été sans doute ridicule au premier, de faire voir à la suite d'un train d'artillerie, Louis XIV en costume héroïque ou mythologique, commandant à des soldats en uniforme, le passage du Rhin. Cela s'appelleroit une parodie, ou une sorte d'anachronisme. Mais Le Brun en eût fait autant dans son genre, c'est-à-dire eût fait une caricature, si, personnifiant le fleuve, sous la forme poétique ou mythologique d'un dieu vaincu par le héros, il eût représenté ce dernier en bottes fortes et en uniforme, foulant aux pieds la figure allégorique du Rhin.

Pour l'œil intelligent en ces matières, il n'y a ni moins d'inconséquence, ni peut être moins de ridicule dans l'application du style de la réalité vulgaire, à un certain genre de sujets, qui, sans dépendre de l'ordre mythologique, rentrent par la vertu de l'abstraction, à laquelle l'artiste ramène leur composition, sous la loi de la transformation allégorique. Ainsi le goût d'imitation positive, qui est le propre du portrait, détruiroit pour l'esprit, plus encore que pour les yeux, la valeur de certaines compositions, que leur système doit faire assimiler aux conceptions métaphoriques; et tels sont quelques sujets historiques par le fait, mais que l'art doit revêtir des propriétés poétiques.

Par exemple, qu'en bas-relief ou sur un type de médailles, l'artiste veuille représenter dans les limites de ses moyens, plutôt l'effet, que l'action en réalité, d'une victoire qui auroit détruit soit une armée, soit une nation; que fidèle aux conventions abbréviatives de ses moyens, il figure cette victoire, sous l'image syncopée et métonymique du vainqueur porté sur un coursier rapide, renversant le vaincu, et le foulant aux pieds; tout le monde comprendra, que l'art de parler aux yeux, emprunte ici à l'art d'écrire, l'énergie et la concision d'une locution abstraite, telle que *culbuter une armée, renverser un empire*. Dans ce cas, l'armée victorieuse se trouve personnifiée sous l'image du chef de l'armée. Tous les mouvemens partiels qui ont contribué à la déroute de l'armée vaincue, se réunissent métaphoriquement dans un mouvement unique, mais le plus significatif que l'artiste puisse imaginer. Le sujet devenu dans son image abstrait et métaphorique, réclame l'emploi du style idéal.

Cela convenu, et le sujet devant représenter ce qu'on vient de décrire, si l'artiste alloit donner à la figure du personnage, ainsi généralisée dans son motif dramatique, les détails et accessoires d'habillement ou d'équipement, qui particularisent un portrait, l'homme général redeviendroit particulier. Au lieu de voir, dans cette composition, l'image d'un peuple qui en subjugue un autre, on n'y verroit plus que celle d'un cavalier terrassant un fantassin. Le motif rapetissé et rabaissé jusqu'à l'expression banale d'un sens vulgaire, loin de signifier une grande action, n'exprimeroit qu'un très-petit fait, et au lieu de célébrer un événement mémorable, l'artiste auroit à peine décrit l'incident le plus léger d'une bataille.

On a vu que la composition symbolique et allégorique, soit par la vertu de l'abstraction qui en est l'essence, soit par les moyens de l'art qui y correspondent, s'éloigne, autant que possible, du genre de composition qui prétend à l'illusion pittoresque, et que, sous quelques points de vue, elle se rapproche de la manière hiéroglyphique, laquelle repose sur les procédés de l'écriture figurative. C'est ce qui fait qu'elle convient particulièrement à la décoration tant intérieure qu'extérieure de l'architecture. Il y a plus d'une raison de cette convenance ; mais la plus sensible repose sur l'intérêt même de cet art. Effectivement, lorsqu'il admet, dans sa décoration, les compositions de la peinture et de la sculpture, il ne peut souffrir qu'elles altèrent, soit de fait, soit en apparence, la solidité et l'intégrité des fonds, sur lesquels il leur permet de se développer. Or, le goût de composition pittoresque, ou qui vise à l'illusion de la réalité, ne peut guère avoir lieu, soit en bas-reliefs, soit en peintures, sans produire, sur les superficies qui les reçoivent, des renfoncemens ou réels ou fictifs. Mais il est sensible que la réalité, ou la simple apparence de ces renfoncemens, préjudicie à la régularité de l'architecture d'un édifice, perce les fonds de ses superficies, met ou semble mettre ses membres hors d'à-plomb, et altère l'ensemble de ses formes. Voilà pourquoi plus l'architecture sera pure et régulière, moins elle admettra le style de la composition pittoresque.

Au contraire, la composition qui a lieu, selon le système symbolique ou allégorique, c'est-à-dire qui procède selon l'esprit et dans l'effet de l'écriture figurative, est celle qui respecte le plus les fonds, les plans et les superficies de ces fonds, sur lesquels on l'applique. Le goût uniforme, assez volontiers symétrique et toujours conventionnel de son imitation, est parfaitement d'accord avec le génie de l'architecture, qui regarde les figures comme de simples ornemens, et les compositions comme des inscriptions.

C'est à ce genre d'imitation qu'appartiennent tous ces détails, dont l'architecture orne les frises, les membres et les diverses parties des édifices.

L'ornement, proprement dit, n'est qu'une réunion de symboles plus ou moins significatifs ; et dans leur emploi sur le bâtiment, comme à l'égard des médailles, il faut souvent que l'inscription littérale facilite l'intelligence de tous les signes. De fait, les devises, les légendes sont du ressort de la composition symbolique, et entrent avec autant de convenance que d'agrément, dans les motifs d'ornement de l'architecture. On doit dire même, que l'artiste a trop souvent le tort de ne pas assez multiplier, autour des figures allégoriques, les inscriptions qui les expliqueroient.

L'utilité des inscriptions, associées, dans les monumens publics, aux images allégoriques ou symboliques, seroit d'apprendre au commun des hommes une langue qui n'est obscure, équivoque et sujette à amphibologie, que parce qu'on la parle peu : d'où il résulte que les uns la parlent mal, et que les autres ne l'entendent guère mieux.

Malheureusement, ainsi que cette théorie a dû le faire entendre, on peut appliquer une partie de ces inconvéniens, soit à l'esprit de la langue allégorique et du langage métaphorique des arts du dessin, soit au système général de l'imitation idéale, telle que nous l'avons présentée dans notre analyse. Sans doute une partie de ces obscurités doit provenir du peu d'habitude ou d'exercice de ces arts, et aussi de la nature même de leurs moyens poétiques. Tel est, en effet, l'inconvé-nient attaché à la nécessité d'exprimer les idées des choses par leurs images, les qualités morales des objets par les formes corporelles de ces objets, et les propriétés les plus immatérielles par l'entre-mise de la matière. Tout cela provient, sans doute, de ce que les arts du dessin sont circonscrits dans la sphère du visible. Mais on peut demander aussi, quel est l'art qui, dans sa sphère, n'est pas con-damné à un emploi de moyens plus ou moins équivoques? Chaque genre d'art est un langage. Or, y a-t-il une langue écrite ou parlée qui n'a-bonde en obscurités, en doubles emplois, en am-phibologie, que l'usage seul et un grand exercice peuvent éclaircir?

L'usage et l'exercice plus répandu de l'imita-tion propre des arts du dessin, une plus grande habitude de leur langage poétique, et peut-être de plus nombreux écrits sur leur théorie, redres-seroient un grand nombre des méprises qui ré-

sultent de la seule nature des moyens qu'ils emploient.

§ XIV.

* * * * * *

Nous croyons avoir montré que la liberté accordée à l'artiste, de modifier, dans leurs apparences, tous les sujets de l'imitation, et, par conséquent, de changer, dans leur manière d'être
extérieure, l'aspect des personnages, repose sur
le droit qu'a son art, comme tous les autres,
d'employer la métaphore. Mais si telle est l'obligation du langage métaphorique dans les arts du
dessin, que pour rendre sensible aux yeux les
qualités intellectuelles d'un sujet, il faille y changer la manière d'être extérieure des personnes;
il s'ensuit que la question, particulièrement relative aux changemens de costume ou d'habillement, trouve là toutes les solutions qu'on peut
désirer.

Cependant l'opinion de ceux qui prétendent

assujétir l'artiste à l'imitation fidèle et positive
des costumes modernes, cherche assez ordinairement à s'appuyer des exemples de l'antiquité, et
de l'autorité des pratiques de l'art dans les temps
anciens.

Il faut encore ôter à cette prétention l'appui
d'une semblable autorité, et faire voir que, sur
ce point, les leçons de la théorie, sont d'accord
avec celles des usages Grecs. Comme l'allégation
que je combats est du nombre de celles qu'on
avance, plutôt sur parole, que d'après l'examen
des faits et des monumens; je ne me croirai pas
obligé d'y répondre, par de nombreuses citations
et par des autorités multipliées. Un petit nombre
de notions suffira, je pense, pour établir que ceux
que l'on appelle les anciens (sans distinction) ont
pratiqué, dans leur imitation, toutes les libertés
dont on a parlé.

Je ne dirai que deux mots, pour retrancher
du nombre des autorités, que j'ai entendu invoquer, en faveur de la représentation des habillemens nationaux dans les ouvrages de l'imitation,
l'autorité des Egyptiens. Il est démontré que ce
peuple ne connut jamais l'imitation proprement

dite sous le rapport de l'art, puisque jamais le genre et le goût de ses statues ne franchirent la région du signe hiéroglyphique. Si, en effet, l'imitation hiéroglyphique pouvoit avoir un caractère idéal, ce ne pourroit être que matériellement entendu, sous le rapport purement philosophique des signes avec les idées. Mais encore faut-il dire, que ce rapport purement littéral ou graphique, tint uniquement, en Egypte, à l'ignorance absolue des artistes, qui ne connurent jamais ni proportion, ni musculature dans le dessin, ni les formes et les détails du corps humain. A juger de leur savoir pratique, par tout ce qui nous reste de leurs œuvres, il ne paroît pas probable qu'ils aient jamais été capables de faire un portrait, et qu'ils en aient jamais voulu faire. Leur prétention dans l'imitation, n'alla que jusqu'à l'indication des différences générales, soit de l'espèce et du sexe, soit du mouvement ou du repos, soit de la grandeur ou de la petitesse. On ne voit pas qu'ils aient porté la ressemblance dans les individus, assez loin pour avoir besoin d'imiter les habillemens, les draperies, et tous les détails accessoires de l'ajustement des personnes. Aussi ne connois-

sons-nous que très-imparfaitement la manière
d'être habillé d'un peuple, dont il reste des milliers de figures censées drapées, et pas un pli de
draperie. Rien donc à conclure de l'imitation des
Egyptiens dans la question présente.

Si c'est chez les Grecs et chez les Romains qu'on
prétend trouver une autorité décisive, en faveur
de l'obligation que quelques-uns voudroient imposer aux peuples modernes, de représenter leurs
actions et leurs personnages avec la fidélité exacte
de leur costume, on va voir que cette autorité est
mal choisie, puisque c'est d'eux, au contraire,
que nous tenons et la théorie et la pratique de tous
les genres d'imitation métaphorique.

On ne prétend pas nier, toutefois, que les Grecs
et les Romains aient aussi représenté leurs personnages, dans toute la réalité de leurs costumes. Les Grecs, sans doute, quoiqu'ils aient été
les inventeurs et les plus grands partisans du système idéal, ne renoncèrent point à la liberté de
particulariser l'imitation de quelques figures, et
surtout celles du genre iconique. Mais que, trouvant encore dans leurs costumes fidèlement retracés, les originaux les plus favorables au génie de

l'imitation, ils aient fait les portraits de quelques-
uns de leurs personnages, selon la réalité de leur
manière d'être ; que conclure de là ? Rien, sinon
qu'ils usèrent, selon les circonstances, de toutes
les ressources, et de tous les degrés de l'imitation ;
sinon qu'ils surent considérer leurs sujets, sous
l'un comme sous l'autre des deux principaux
points de vue, que nous avons reconnus être applicables à tous les sujets.

Donc rien encore à induire de là, pour établir
comme inviolable, la prétention de fidélité dans
l'imitation des costumes modernes. Car, pour en
tirer une telle conséquence, il faudroit faire voir
que, non pas quelquefois, mais toujours et sans
restriction, les Grecs et les Romains en usèrent
ainsi, ou tout au moins, que telle fut leur habitude
favorite.

Or, il faut peu d'études ou de connoissances
en ce genre, pour savoir que ce fut précisément
tout le contraire ; c'est-à-dire, que jamais aucun
peuple n'a pris plus et de semblables libertés,
c'est-à-dire n'usa d'un plus grand nombre, non
pas même de libertés, mais de licences, et les
plus évidentes, dans la manière de concevoir,

et de traiter les images de ses contemporains.

On doit, pour être juste, reconnoître que les artistes Grecs ne peuvent être soupçonnés d'avoir donné à leurs concitoyens, les costumes et la manière d'être vêtus, d'aucune autre nation. Outre ce qu'effectivement une semblable pratique a partout d'inconvenant en soi, on ne voit pas de quel peuple ils auroient pu recevoir une pareille inspiration ; nul autre n'ayant pratiqué et connu la véritable imitation avant eux, nul autre n'auroit pu leur suggérer une manière d'être vêtu plus convenable au génie de l'art, que la leur propre.

Mais les Grecs trouvèrent dans leur imagination, le fonds le plus inépuisable de métaphores, applicables à tous les genres d'art, surtout à ceux du dessin. Si l'on ne doit pas attribuer uniquement à leurs artistes la création de ce monde idéal, devenu le domaine de la poésie, ce fut leur art qui parvint à revêtir ces êtres imaginaires, de formes sensibles, à établir entre eux une sorte d'hiérarchie de grandeur, de puissance, de force, de beauté, enfin de qualités propres à chacun d'eux. Après avoir élevé par tous les degrés d'une beauté, que l'on peut dire surhumaine, les diffé-

rens ordres de divinités, au-dessus des œuvres ordinaires de la nature; l'opinion, de concert avec
le génie de l'art, ne tarda point à former une
classe intermédiaire entre les dieux et les hommes; et bientôt le ciseau du statuaire fixa le caractère de forme, de dessin, de proportion, qui
devoit faire distinguer la classe des héros, d'avec
les habitans de l'Olympe, et d'avec ceux de la
terre. Ces divers degrés d'existence idéale et conventionnelle, furent les sources fécondes de toutes
les créations métaphoriques, de toutes les modifications que l'imitation poétique fit subir à tous
les genres de sujets historiques.

Il suffit d'avoir indiqué cette source féconde en
allégories, où le génie de l'artiste puisoit à son
gré les conformations plus ou moins idéales, dont
il ennoblissoit à différens degrés, non-seulement
les hommes des siècles passés, mais encore de célèbres contemporains. Ainsi furent assimilés aux
divinités, par les métamorphoses de l'art, non-seulement Homère, mais des contemporains, comme
Périclès et Alexandre. Le style héroïque prêta
souvent aussi à l'art des métaphores moins har-
dies. Souvent les statues de personnages vivans,

furent faites dans le goût et selon les mœurs des temps plus anciens. Loin que, dans toutes ces figures, les Grecs suivissent le costume et les pratiques de l'habillement du temps, ils s'étudioient à s'en écarter le plus qu'il étoit possible. C'est à ce grand usage d'emplois métaphoriques, qu'il faut attribuer la coutume devenue si générale, de l'emploi de la nudité, dans la représentation d'un si grand nombre de personnages. On peut croire encore, qu'outre l'influence assez naturelle des pratiques et de l'usage, soit des bains publics, soit des exercices gymnastiques, l'habitude d'adulation, consistant à assimiler les mortels aux divinités, généralement privées de costumes particuliers, dut favoriser l'usage de la nudité, en sculpture surtout.

C'étoit un usage en Grèce, dit Pline, de faire nues, les statues honorifiques, comme d'abord c'en fut un à Rome, de les habiller avec la toge. *Græca res est nihil velare :* ce qu'il ne faut pas cependant entendre, d'une manière aussi étendue, que l'ont fait quelques critiques. Cela, en effet, ne signifie point que la pratique de la nudité, dans l'imitation, ait été universelle et exclusive, mais seulement que l'usage en étoit reçu en Grèce à l'égard des statues dont il est ici question, c'est-à-dire des *statues portraits* et honorifiques. Or, sur ce point, le dire de l'écrivain s'accorde avec l'autorité des monumens.

Mais cet usage si bien constaté, si connu de tout le monde, que prouve-t-il? Il prouve l'entière liberté qu'avoient les artistes, de traiter tous les sujets, ou selon les erremens du genre d'imitation positive, ou selon ceux du genre idéal. Car il ne faut pas croire que les statues nues des personnages célèbres aient été ainsi exécutées, par allusion à quelqu'un des usages gymnastiques. Ce n'étoit point comme athlètes, que l'on représentoit, des philosophes, des poètes, des orateurs, et bien d'autres personnages, qu'un très-grand nombre de monumens nous fait voir, soit entièrement, soit à demi-nus.

L'intérêt de l'art, comme on l'a déjà observé, décida sans doute fort souvent le choix du genre de costume ou de manière d'être. Ce qui veut dire, en définitive, que l'intérêt de l'art fut d'employer le genre métaphorique. Or si, dans les cas où la nature du sujet ne le prescrit pas, la nudité devient

un des moyens poétiques de l'art, il est de notoriété, qu'aucun peuple n'a porté plus loin, et n'a
multiplié davantage ce genre de métaphore, que
le peuple Grec. Cela seul prouve surabondamment
que son exemple est mal choisi, pour servir d'appui au système exclusif de la fidélité positive,
même dans son application aux portraits.

Les Romains, ainsi que nous l'apprenons de
Pline, furent d'abord assez rigoureux observateurs de leurs costumes civils, dans les statues
honorifiques. Il paroît que, dans les premiers temps,
la statue d'un particulier consacrée en public,
n'étoit pas un ouvrage sur lequel le goût de l'artiste auroit eu le droit de s'exercer arbitrairement. Il y avoit alors des bienséances d'usage, et
sans doute une sorte d'étiquette, dont la gravité
des mœurs républicaines n'eût point permis de
s'écarter.

Mais le même écrivain nous apprend que bientôt les usages des Grecs en ce genre, s'introduisi-
rent à Rome, avec les arts de ce peuple. Ces Romains, que quelques-uns croient avoir été si
fidèles à représenter leurs propres costumes, dans
leurs monumens, affectèrent, au contraire, de se

faire représenter en Grecs et à la Grecque. *Plu-cuere et nudæ tenentes hastam*, Pline, l. 34, c. 5, *quas Achilleas vocant*. On se permit de sculpter de graves personnages, non plus avec la toge et la cuirasse, mais nues, et dans le genre des statues Grecques appelées Achilléènes, ou dans le costume également nu des Luperques.

Ces notions sont pleinement confirmées par les monumens qui nous restent. Il n'y a point de gallerie d'antiques, qui ne renferme des statues de personnages, et d'empereurs Romains, entière-ment nus. Telle est la multiplicité de ces exem-ples, et telle est leur notoriété, que cette assertion dispense de citations à son appui. Que si à ces preu-ves irrécusables, d'ouvrages historiques, on veut joindre cette innombrable quantité de monumens, non moins authentiques, (c'est-à-dire de médailles, dont les Romains firent en quelque sorte leurs annales) on se convaincra que nous connoissons, avec le plus grand détail, leur goût, sur ce qui est l'objet de cette théorie critique, et l'on verra que, soit dans le genre de statues portraits, soit dans la classe des compositions historiques, ils furent très-éloignés d'assujétir ces sujets à la copie fidèle et en même temps idéale de leurs costumes.

C'est sur les médailles particulièrement, que chacun peut, avec le plus de facilité, se convaincre de toutes les sortes de libertés, accordées par les Romains, à l'art de l'imitation dans la représentation des plus grands personnages, et des faits qui touchoient de plus près à la gloire nationale. C'est là qu'il faut adresser les censeurs des licences que prennent aussi les modernes, en ce genre; et c'est là qu'il est facile de reconnoître qu'ils en sont encore très-loin, et qu'il ne leur resteroit rien à inventer, en fait de hardiesse et d'idéal en ce genre.

Et cependant les peuples qui nous ont transmis, dans la représentation des sujets de leur propre histoire, les règles et les exemples du genre idéal ou métaphorique, eurent beaucoup moins de motifs pour en user, que n'en ont les peuples modernes, chez lesquels, comme nous le ferons voir, les costumes et les usages de l'habillement, offrent souvent à l'art de l'imitation, des obstacles insurmontables.

Sans entrer ici, dans les détails et le système de l'habillement Grec et Romain, et laissant à part les principales conditions de sa manière d'être, on doit dire en un mot, et l'on peut voir d'un seul coup d'œil, qu'il consistoit généralement dans une étoffe extrêmement ample, et à laquelle (je parle surtout du vêtement de dessus) l'art du tailleur ne donnoit aucune configuration factice, symétrique ou découpée, sur un patron uniforme. Sans vouloir nier qu'il ait pu y avoir quelques usages reçus, dans les manières de le développer et de se l'ajuster, toujours est-il certain que le hasard devoit disposer du jeu de ses plis, et en telle sorte, que son imitation ne pouvoit présenter à l'artiste, ni sujétion ni servitude. Ainsi, de sa nature, il étoit aussi idéal, que l'imagination et le goût pouvoient se le figurer. En effet, l'ajustement idéal produit par l'artiste, dans les draperies de ses figures, ne consiste que dans un choix de plis, dont le goût peut disposer au gré de sa composition, selon la nature du sujet. Or, tel étoit le genre, et telle la propriété de l'habillement des Grecs, qu'il n'y avoit aucune figure, même appartenant à la classe des portraits, qui ne pût offrir le motif et la réalité d'un ajustement idéal, libre et aussi heureux, que de nos jours l'artiste peut en imaginer, dans les conceptions les plus imaginatives.

De là, vient aussi, comme on l'a déjà dit, la méprise qui a lieu journellement sur le style et la manière des figures, que l'artiste moderne cherche, on ne peut pas moins, à faire paroître Grecques ou Romaines. C'est que, comme on va le démontrer, il y a dans l'habillement antique une manière d'être, qui tient plus encore à la nature des choses en ce genre, qu'elle n'appartient à la mode des peuples qui en usèrent; c'est qu'on ne peut habiller ou draper une figure avec des étoffes libres, et dans un goût indiqué par le simple instinct, sans se rencontrer plus ou moins avec le style antique : et cela, parce que le genre de l'habillement antique consistoit en draperies qu'on employoit plus ou moins dans leur état naturel, comme, au contraire, celui des modernes est en tout point factice et artificiel, et dès lors contraire à l'esprit de l'imitation.

§ XV.

* * * * * *

Quels que soient le droit et le pouvoir accordés et reconnus à l'artiste, de changer les costumes des personnages au gré du système et dans l'esprit de l'ordre d'idées, d'après lesquels il transforme ou transporte leur représentation, on doit avouer que le plus grand nombre des artistes ne se détermine pas toujours par ces considérations. C'est plutôt l'intérêt de leur art, qui les décide sur cette matière. C'est-à-dire, que l'imitateur consulte plus volontiers, pour se déterminer à changer les apparences des sujets, ce qui convient à l'imitation, que ce qui conviendroit soit aux sujets, soit à l'opinion des spectateurs.

Mais que faut-il conclure de cette répugnance de l'artiste, surtout dans presque tous les emplois de la sculpture, art qui se refuse le plus à représenter les costumes modernes? Quand on considère combien, malgré toutes sortes de motifs plus

ou moins impérieux, les sculpteurs se sont généralement montrés, sur ce point, rebelles aux exigeances d'une certaine opinion publique, il faut
croire que ce système constant d'opposition, tient
à quelque cause puissante, qu'on n'a guère tenté
d'approfondir.

Cette cause, dont l'explication ou la simple connoissance peut mettre fin à l'ancienne controverse qui existe entre le public et l'artiste, ne se-
roit-t-elle pas, que le costume moderne est ou
contraire, ou tout au moins étranger à l'imitation?

Or c'est là ce que l'on peut non-seulement prouver, mais démontrer.

Sans donc avoir ici recours à de longues discussions sur ce qui constitue, dans les arts de l'esprit, la véritable signification du mot *imitation*,
je me contenterai de dire en deux mots, que comme
toutes les manières qui produisent la répétition
d'un objet, ne sont pas de l'imitation, dans le sens
de celle qu'on affecte aux productions des beaux
arts; de même, et par la même raison, toute espèce
d'objet n'est pas susceptible d'imitation, par les
moyens propres de ces arts. Dès lors tout moyen
mécanique de reproduire les sujets, et tout objet,

en tant qu'il est dans sa nature de pouvoir être répété identiquement, par un procédé mécanique, sont nécessairement hors de la sphère morale de l'imitation.

Les degrès de plaisir produits par les divers genres de ressemblance, qui ont lieu dans les régions si variées de l'imitation, nous avertissent assez des cas où celle-ci n'est que simple répétition, et de ceux où elle prend le nom de copie, et de ceux où elle mérite le titre d'imitation par excellence. Ce n'est pas à la simple ressemblance produite par la *copie*, qu'est attaché ce plaisir dont notre ame est si avide, dans l'empire de l'imitation. Il est une multitude de procédés auxquels sont dus tout autant de genres de ressemblances, dont l'ame n'est nullement affectée. L'excès même (où l'abus) de la ressemblance, autrement dit l'*illusion*, annule, dans bien des cas, et l'effet et par conséquent le plaisir de l'imitation. C'est qu'il paroît qu'un des ressorts de ce plaisir, est celui qui doit résulter de l'action de comparer. Il faut, par conséquent, que le moyen de l'imitation ne soit pas trop rapproché de l'objet imitable. S'il se confond avec lui, comme cela arrive dans les ressemblances mécaniques, ou dans celles dont l'illusion est captieuse, l'ame dédaigne de comparer, ou elle n'est avertie par rien d'exercer cette action. Elle n'agit point, elle ne jouit de rien. Il n'y a point eu d'imitation.

C'est sur cela (1) que se fonde une sorte d'hiérarchie entre tous les arts, dans le règne de l'imitation. Je veux dire que c'est sur la distance de l'objet imitable, au procédé imitateur, et sur l'action de comparer, plus ou moins vive, ou plus ou moins étendue exigée de nous par chaque genre d'imitation, qu'il est possible d'établir les mesures de mérite, de vertu, de difficultés propres des différens arts.

Dans cette théorie, on refuse le nom et la valeur d'imitation, à toutes les manières connues de multiplier par des moyens mécaniques, par exemple, les empreintes de certains corps, de certaines figures, et dont la propriété est de reproduire le même objet, sans toutefois en produire l'image. Ainsi l'on n'appelle point *imitation*, l'action ou le

______

(1) Nous avons développé cette théorie dans notre ouvrage intitulé : *Essai sur la nature, le but et les moyens de l'imitation dans les beaux arts.* Chez Le Clere, etc. libraire.

procédé dont use le tailleur de pierres, pour débiter une pierre carrée en tout conforme à une autre pierre carrée, ni le procédé par lequel deux siéges par exemple, sont fabriqués et rendus tellement ressemblans l'un à l'autre, que notre œil ne peut pas distinguer celui qui fut le modèle, de celui qui en est la copie. Tout ouvrage qui dépend de la roue du potier, de l'instrument du tourneur, de la méthode des calques, de la pratique des patrons, de la propriété des moules, etc. répète et reproduit avec la plus grande précision les formes de son modèle, sans que cette répétition appartienne le moins du monde à l'imitation propre des beaux-arts.

Il en est encore ainsi de tout objet, dont la ressemblance s'aquiert par le moyen du compas, de la régle et des mesures. Cela signifie, que dans la sculpture, par exemple, tout objet soumis à une configuration géométrique, est par sa nature étranger à l'imitation proprement dite de cet art. Comme le plaisir de l'esprit dans l'imitation, résulte de la comparaison qui a lieu entre le modèle et son image, cela fait nécessairement supposer que ce modèle peut être ou bien ou mal imité. Mais les mesures et les procédés mécaniques là où ils ont lieu, excluent la possibilité de cette alternative. Car le résultat de ces procédés est infaillible. De quoi l'ame peut-elle jouir alors? Uniquement de l'invention du procédé; peut-être encore, si l'on veut, de l'adresse employée dans la manutention, mais nullement de la ressemblance qui en est le résultat obligé.

Or ceci nous donne la mesure aussi, du plus ou du moins de plaisir, que nous procure l'imitation d'un grand nombre d'objets, selon qu'il y a plus ou moins de facilité ou de difficulté à en opérer la ressemblance; et cela nous indique également, comment tel objet qui est susceptible de procurer le plaisir de l'imitation, dans un art, peut n'en produire d'aucune manière l'effet, dans un autre art.

Si l'on applique ce peu de considérations aux diverses sortes d'habillemens, que la sculpture peut reproduire et imiter dans ses ouvrages, on prévoit qu'il s'en trouvera de propres à être du ressort de l'imitation, mais qu'il devra y en avoir aussi qui ne seront que du ressort de la répétition mécanique. De ce genre, (pour en citer un exemple fort

sensible) seroit la coiffure moderne et essentiellement géométrique, d'un chapeau triangulaire ou
circulaire. Son imitation ne peut comporter au-
cun-art en sculpture, puisqu'elle peut résulter exclusivement de l'opération du compas.

J'entends parler ici spécialement de l'art qui,
représentant les formes des corps sans couleurs,
n'a dans un corps géométrique autre chose à imiter, que sa forme. Cela nous explique pourquoi
cet art répugne beaucoup plus que la peinture, à
reproduire les objets soumis à la réalité, ou à la
nature de la forme géométrique. Tout le monde
sait que, dans ces sortes d'objets, il y a toujours
quelque partie compatible avec l'imitation propre
de la peinture, comme la couleur, qu'aucun procédé mécanique ne peut reproduire dans un tableau, comme aussi l'effet de l'harmonie, ou
comme l'exécution pittoresque.

Pour revenir aux genres d'habillemens favorables ou contraires à l'imitation, on suppose facilement qu'il peut y avoir tel mode de vêtement,
qui consiste en étoffes laissées libres ou naturelles,
enveloppant le corps avec assez d'ampleur, et s'y
ajustant assez diversement, pour que les résultats

graphiques de cet ajustement soient innombrables. A prendre pour exemple l'habillement Grec,
on peut affirmer, que si l'on examinoit une multitude quelconque de personnes ainsi vêtues et rassemblées en un même lieu, la configuration de
leur étoffe (par le fait des variétés sans nombre
dues au hasard) ne se trouveroit la même, chez
aucune de ces personnes. C'est l'effet nécessaire
d'une étoffe (appelée naturelle) laissée en liberté,
de se modifier à l'infini, et de présenter, dans ses
modifications, une multitude de partis plus ou
moins divers, plus ou moins favorables à l'imitation. Comme rien ne participe moins des données
géométriques, qu'une telle manière d'habillement,
rien n'est plus susceptible de plus de combinaisons variées, de plus de partis à choisir par l'artiste. Rien par conséquent ne s'adapte plus, ni
mieux, aux exigences de la véritable imitation.

Il n'est pas plus difficile de supposer maintenant
tel autre genre de vêtement, configuré de manière
que la réunion d'autant de centaines ou de milliers
de personnes qu'on voudra, vêtues selon cette
mode d'habits, n'offriroit, et ne pourroit offrir
autant de centaines ou de milliers de fois, que la

même configuration d'un même habillement. Cette identité, cette parité, résulteroient, par exemple, de ce que la forme de ces milliers d'habits, auroit été découpée et taillée symétriquement sur un patron uniforme; de ce que l'étoffe de ces habits, au lieu d'être abandonnée à la variété des effets et des mouvemens, que produit le hasard, seroit guindée, compassée, roide dans sa tenue, taillée en lignes droites ou à angles symétriques, et découpée de manière à en répéter avec uniformité les détails, d'un côté comme de l'autre. Or cette description, il n'est pas nécessaire de dire qu'elle est la plus exacte définition du genre d'habillement moderne Européen.

Si cet habillement est symétriquement taillé dans toutes ses formes, s'il est tel en réalité, qu'il puisse être mécaniquement copié à l'aide des mesures, il n'appartient point à l'imitation propre de la sculpture, ou de l'art qui se produit par les formes sensibles de la matière. On peut sans doute exécuter, en relief, des figures ainsi habillées; mais la sculpture, en tant qu'art de génie et de goût, ne les reconnoîtra pas pour être les produits de l'imitation qui lui est propre.

Cependant, comme il est dans la nature des choses, que le véritable imitateur veuille et prétende remplir sa véritable mission, il est naturel, ou qu'il repousse, dans les sujets qu'il doit traiter, toute manière opposée à l'imitation, ou qu'il cherche, en les traitant, à les modifier selon les conventions poétiques de son art. Or, c'est ce qui nous explique tout à la fois les répugnances qu'éprouve le sculpteur, dans les représentations de personnages modernes, à user d'un costume étranger à l'art, et aussi les ressources inconvenantes que plus d'une fois on l'a vu employer, en échangeant un abus contre un autre abus. Plus d'une fois, en effet, pour introduire quelque parti d'ajustement moins mécanique, dans ses statues portraits, on a vu l'artiste préférer de faire voir son personnage, soit en *négligé*, soit en déshabillé, d'une façon qui répugne à de certaines bienséances sociales, (surtout dans un monument honorifique) c'est-à-dire de manière à le faire voir tel, qu'il n'auroit pas, de son vivant, voulu paroître en public. De là résulte, pour le connoisseur, un grave inconvénient. C'est que ces sortes de changemens de costume et de manière d'être, n'étant pas du genre de ceux qui relèvent pour les yeux, le caractère d'une personne, sont, au contraire, les plus propres à en rabaisser l'idée; car il faut reconnoître que la figure alors tombe du style que nous avons appelé positif, dans le style trivial.

Or, le trivial en sculpture est nécessairement ici du ridicule.

Et voilà, en dernière analyse, ce que devient l'imitation dans beaucoup de figures sculptées avec les costumes de l'usage vulgaire.

Cela étant, l'intérêt bien entendu en ce genre, pour une nation qui prétend confier à la sculpture le soin d'immortaliser ses hommes célèbres, lui commande impérieusement de veiller à la manière dans laquelle ces monumens seront conçus. En effet, ce n'est que par un sentiment de noble orgueil et de gloire, que l'on érige de telles statues. Mais, d'une part, si l'habitude d'un genre de figures que le génie désavoue, tendoit à dégrader l'art même de l'imitation, il seroit facile de prédire que la nation qui les auroit multipliées, loin d'en recueillir quelque honneur, n'auroit fait, par des monumens aussi insignifians, que perpétuer le vice de son goût. D'autre part, les effigies

des hommes célèbres, dont on auroit voulu trans-
mettre à la postérité les traits et l'image corporelle, ne devant s'y présenter, ainsi travesties,
que sous des formes ridicules, l'intention de les
honorer aux yeux des générations successives, se
trouveroit en grande partie trompée elle-même.

Il y a, dans ce qui est la matière de cette critique, un très-grand nombre de considérations, que
je suis fort loin de vouloir épuiser ; mais je dois
en toucher encore une qui dérive des précédentes,
et qui tient de près à ce sentiment d'orgueil national, lequel, comme on l'a dit au commencement de cet écrit, joue le principal rôle dans cette
sorte de controverse.

Quand l'habillement des anciens n'eût pas été
aussi favorable à l'imitation, qu'on l'a fait voir ;
aussi idéal de sa nature, aussi flexible à toutes les
inventions de l'art de draper ; il faut dire encore
que jamais il n'auroit comporté les objections, que
le goût et le génie de l'art peuvent rassembler
contre l'habillement moderne. Il y avoit en effet,
dans le genre de la draperie antique, un principe
de variété relative à son emploi, et telle que,
peut-être, faut-il attribuer à cette propriété la

continuité et la stabilité de mode et d'usage, qui offre un si notable contraste avec les modes et usages de l'habillement moderne. Nous ne trouvons pas, que pendant une longue suite de siècles, la manière de se vêtir des anciens ait subi le moindre changement. Sur des monumens éloignés entre eux, de huit ou dix siècles, nous voyons paroître des portraits Grecs et Romains, sans aucune variation d'usage. Les diversités qu'on y remarque, n'appartiennent qu'au goût de détails inhérent aux originaux mêmes ; car il y a, et toujours, et d'innombrables modifications dans les plis d'une étoffe libre et naturelle.

De là, on peut conclure que la représentation du genre d'habillement, dont les statues de tous les âges nous ont transmis les modèles uniformes, n'étoit par conséquent pas elle-même sujète à vieillir, à passer de mode, et à devenir, après un certain laps de temps, étrangère en apparence à la nation même qui avoit élevé ces statues.

Mais l'expérience des temps et des mœurs modernes nous offre des résultats absolument contraires. Les différentes modes d'habillement qui se sont succédées en Europe, depuis le renouvellement des arts, c'est-à-dire depuis environ trois siècles, établissent entre les portraits qui se sont succédés pendant cette période, des contrastes et des dissimilitudes d'habillement ou de modes d'ajustement, telles qu'il n'en existe guère de plus frappantes, en les comparant aux costumes de régions lointaines. Toutefois, avant notre âge, les changemens de détail dans les modes, n'avoient lieu qu'à d'assez grands intervalles. Mais on sait combien cet effet s'est accru, combien, et avec quelle rapidité ces variations se sont multipliées, depuis qu'un mouvement plus précipité, imprimé au commerce par le luxe, et au luxe par la multiplication des commerçans, a fait mettre au nombre des intérêts commerciaux, la fréquence des viscissitudes de l'esprit de mode, dans les objets les plus usuels, tels que les habillemens et leurs dépendances. Dans l'espace d'un très-petit nombre d'années, on voit leurs formes surannées devenir un objet de risée sur les portraits, où un art imprévoyant s'étoit plu à les fixer. Telle est enfin devenue aujourd'hui la mobilité de la mode, qu'une statue, on peut l'affirmer, seroit une entreprise trop longue, pour que la forme de costume, selon laquelle un personnage auroit été ébauché, subsistât encore lorsqu'il seroit question de la terminer.

Disons donc que la fidèle représentation des costumes actuels en sculpture, n'est propre qu'à préparer des objets de ridicule, non-seulement pour les siècles à venir, mais pour les temps les plus proches de nous, puisque l'effet le plus certain de ce qu'on appelle l'esprit de mode, en ce genre, est de déprimer tout ce qui ne lui est pas conforme.

Ajoutons que la durée de ces modes est trop fugitive, pour que leur représentation puisse intéresser l'avenir, et lui offrir le moindre intérêt. On conçoit qu'il soit possible de trouver quelque instruction relative aux mœurs, dans les formes et les pratiques d'habillement, qui ont duré assez long-temps pour être en rapport avec les mœurs et les institutions d'une nation, et qui peuvent nous expliquer beaucoup de ces détails, que l'histoire néglige. Au contraire, quel intérêt pourroit-on prendre à des modes éphémères, qui naissent, meurent et se succèdent, sans laisser de traces dans la mémoire, et qui passent comme les flots

que pousse le vent. Certes, s'il appartient à quelque art ou à quelque partie de l'imitation, de tenir
registre d'aussi frivoles inventions, ce ne sauroit
être, sans doute, à l'art que sa nature, sa durée,
sa sévérité destinent à traverser les siècles, et à
porter aux âges futurs les témoignages du goût,
de l'esprit et des sentimens du peuple qui en aura
fait le dépositaire de sa gloire.

«L'art de la sculpture, comme l'a dit Hemster-
« huis, (*ueber die Bildhauerkunst, tom.* 1, *pag.* 51)
« doit parler à la postérité la plus reculée. Par con-
« séquent, il doit parler la langue de la nature. Or
« voilà pourquoi (continue-t-il) il lui est interdit
« de traiter un grand nombre de sujets, qui ne
« tiennent qu'à des opinions passagères, à des mo-
« des locales : et de ce genre sont les habillemens
« qui ne sont propres qu'à quelques siècles, et à
« quelques pays. »

Telle étoit l'opinion de ce critique aussi spiri-
tuel que judicieux. Il regardoit les pratiques des
costumes modernes, en sculpture, comme des espèces d'idiotismes, indignes de trouver place dans
un langage, que sa nature destine à devenir universel.

S'il est un genre de sculpture plus particulièrement destiné à s'entretenir avec tous les peuples, et avec tous les siècles, c'est bien celui des médailles, qui, d'une part, consacre les événemens les plus mémorables, et qui de l'autre, est forcé comme on l'a vu, d'appeler à son aide cette sorte d'écriture universelle, composée des caractères de la langue allégorique. Loin donc qu'on doive se plaindre que les artistes aient accrédité sur les médailles, et établi pour les monumens honorifiques, une manière de représenter les grands personnages, sous des formes de costume et d'habillement étrangères aujourd'hui à tous les peuples, il conviendroit bien plutôt de les encourager. C'est-à-dire qu'il faudroit, par de nouveaux suffrages, les aider à perfectionner cette sorte de langage et d'écriture universelle, dont l'usage a depuis long-temps créé les élémens.

Ce costume monumental seroit-il celui des Grecs et des Romains, il seroit déjà plus en harmonie avec l'objet qu'on se propose : d'abord comme ayant appartenu à des peuples célèbres, inventeurs de tous les arts, et qui ont répandu dans tout l'univers, le plus beau langage d'imitation que les hommes aient parlé ; ensuite comme participant essentiellement à toutes les propriétés du genre idéal ; enfin comme convention adoptée dans presque toute l'Europe lettrée.

Mais on ne veut pas prétendre, que l'artiste doive transporter dans les images des sujets modernes, les détails scrupuleux et la ressemblance fidèle des costumes Grecs ou Romains. On a reconnu au contraire que le trop de fidélité à cet égard, seroit un abus également métaphorique. On le répète donc ; il ne s'agit pas d'autoriser l'abus où peuvent tomber les artistes, lorsque faute de comprendre ce qui, dans l'habillement antique, appartient avant tout à la nature, et en rend l'emploi commun à tout le monde, ils le copient précisément dans les parties, qui le rendent local et spécial. Mais on ne sauroit trop le répéter, c'est que l'ajustement purement idéal a pareillement une partie, que les critiques ont le tort de confondre avec le costume Grec et Romain.

C'est, il faut le dire en finissant, c'est sur ce point limitrophe, qu'ont lieu de part et d'autre, et les méprises des artistes, et l'équivoque de leurs censeurs. Les uns ont le tort de faire du Grec et du

Romain en place d'idéal, et les autres de prendre tout ajustement idéal, pour Grec ou pour Romain. Je crois avoir assez fait entendre ce que le goût et le raisonnement enseignent aux uns comme aux autres.

Il y a sur cette matière une multitude de délicatesses, dont il faut aussi que le sentiment des convenances, soit définitivement l'arbitre, et que la théorie doit abandonner au jugement de l'artiste.

Par exemple, pour finir par une considération qui ne doit pas souffrir la rigueur d'un système exclusif, lorsqu'on prétend bannir des monumens publics et honorifiques, l'emploi de ce que nous avons spécifié sous le nom de *costume moderne*, on comprend sans doute, qu'il doit y avoir plus d'une restriction autorisée, relativement à quelques sortes d'habillemens. Tels seront ceux que de respectables usages ont affectés à certaines fonctions, à certaines dignités. Ces formes d'habillemens doivent à leur ancienneté même, un caractère si différent du costume usuel des temps et des peuples modernes, et ce caractère les a mis tellement à l'abri des variations et des caprices de l'esprit de mode, que le plus grand nombre des objections qu'on vient d'énoncer, cesse généralement d'avoir lieu à leur égard. Plus d'un exemple, s'il en étoit besoin, prouveroit que plusieurs de ces costumes, peuvent assez bien s'accorder, et avec les exigeances de l'esprit national, et avec les convenances de l'art.

Mais quoi qu'on objecte sur tous les autres points, l'intérêt de l'art devra toujours avoir en ces matières, la voix prépondérante. C'est qu'au fond, son intérêt s'identifie avec l'honneur de la nation qui l'emploie. Comme la beauté est le principal objet des recherches et des entreprises de l'art, la beauté est aussi ce qui recommande le plus à la postérité, le soin et la conservation des ouvrages.

Tout ce qui s'oppose à la production et à l'effet de la beauté dans les monumens, s'oppose aussi à leur durée.

FIN.